FERNANDE

PAR

Alexandre Dumas,

2

PARIS
DUMONT, ÉDITEUR,
PALAIS-ROYAL, 88, AU SALON LITTÉRAIRE.

1844

FERNANDE.

SCEAUX. — IMPRIMERIE DE E. DÉPÉE.

FERNANDE

PAR

Alexandre Dumas.

2

PARIS
DUMONT, ÉDITEUR,
PALAIS-ROYAL, 88, AU SALON LITTÉRAIRE.

1844

Suite du précédent.

Le comte de Montgiroux connaissait Fernande de vue; il savait son esprit, il appréciait son élégance. Il s'approcha donc de la jeune femme avec cette charmante politesse des hommes du dernier siècle, que nous avons remplacée, nous autres, par la poignée de main anglaise, comme nous avons remplacé le parfum de l'ambre par l'odeur du cigare.

Madame d'Aulnay s'aperçut de l'impression que Fernande avait produite sur le comte, et comme le pair de France était un de ceux que la femme de lettres tenait à compter parmi ses fidèles, et qu'elle avait généralement pour lui toutes sortes de prévenances.

— Soyez le bienvenu, mon cher comte, dit-elle. Êtes-vous homme à vous contenter aujourd'hui d'un mauvais dîner?

Le comte fit un signe affirmatif, en regardant à la fois madame d'Aulnay et Fernande, et en les saluant tour à tour.

— Oui, reprit madame d'Aulnay; eh bien! c'est dit, vous viendrez rompre notre tête-à-tête, car nous comptions passer la journée en tête-à-tête; j'ai déjà signifié à M. d'Aulnay qu'il eût à aller dîner avec des académiciens. Vous savez que je suis en train d'en faire un immortel de ce pauvre M. d'Aulnay ?

— Mais ce sera une chose facile, ce me semble, Madame, reprit galamment le pair de France, surtout si vous êtes mariés sous le régime de la communauté.

— Oui, je sais que vous êtes un homme charmant, c'est dit, c'est entendu ; mais revenons à notre dîner : nous pouvons compter sur vous, n'est-ce pas ?

— Oui, je suis rassuré sur le dérangement que je cause ; et j'avoue même que l'offre que vous me faites sera pour moi un grand bonheur.

— Eh bien ! rassurez-vous ; sans doute nous avons à causer ; mais nous allons au bois ensemble, et pendant une excursion de deux heures, deux femmes se disent bien des choses. Nous aurons donc deux heures pour causer à notre aise, et, à six heures et demie, vous nous retrouverez libres de toutes nos confidences. Cela vous va-t-il?

— Oui, à la condition que vous me laisserez donner à vos gens mes ordres pour le dîner.

— N'êtes-vous pas ici comme chez vous? Faites, mon cher comte, faites.

Le comte se leva et salua les deux femmes, qui dix minutes après reçurent chacune un magnifique bouquet de chez madame Barjon.

La proposition de madame d'Aulnay au comte de Montgiroux avait d'abord effrayé Fernande; puis, elle s'était demandé ce que lui faisait madame d'Aulnay, ce que lui faisait le comte, ce que lui faisait le reste du monde. Au milieu de la plus bruyante et de la plus nombreuse société, ne sentait-elle point qu'elle resterait seule avec son cœur? Elle s'était donc résignée, sûre qu'elle était d'un douloureux tête-à-tête avec sa pensée.

A peine le comte fut-il parti, que madame d'Aulnay poursuivit le projet qui avait germé dans son esprit.

— Eh bien ! dit-elle, chère petite, comment le trouvez-vous?

— Qui cela? demanda Fernande, comme sortant d'un rêve.

— Mais notre futur convive.

— Je ne l'ai pas remarqué, Madame.

— Comment! s'écria madame d'Aulnay, vous ne l'avez pas remarqué? mais c'est un homme charmant, vous pouvez m'en croire sur parole. D'abord il a toutes les traditions du bon temps, et, pour nous autres femmes surtout, ce temps-là valait bien celui-ci. Puis, personne au monde n'a plus de délicatesse. Je ne sais pas comment il s'y prend pour faire accepter; mais, de sa main, la plus prude prend toujours. Ce n'est plus un enfant, soit; mais au moins celui-là, quand on le tient, on ne craint plus de le perdre : ce n'est pas comme tous ces beaux jeunes gens, qui ont toujours mille excuses à présenter pour leur absence, et qui ne se donnent pas même la peine d'en chercher une pour leurs infidélités. Sans femme, sans héritier direct, pair de France, il est toujours à la veille d'entrer dans quelque combinaison ministérielle, pourvu qu'on penche vers les véritables intérêts de la monarchie. Eh bien! à quoi pensez-vous, mon bel ange? vous me laissez parler et vous ne m'écoutez pas.

— Si fait, je vous écoute, et avec grande attention; que disiez-vous? Pardon.

Madame d'Aulnay sourit.

— Je disais, continua-t-elle, que M. de Montgiroux était un de ces hommes dont la race se perd tous les jours, chère petite, et cela malheureusement pour nous autres femmes. Je dis qu'il a une grandeur de manières dont nous verrons la fin avec sa génération; je dis qu'il est un des rares grands seigneurs qui restent; je dis que si j'avais vingt ans, je ferais tout ce que je pourrais pour plaire à un pareil homme. Mais j'ai tort de vous dire cela, à vous qui plaisez sans le vouloir.

— Mais, ma chère madame d'Aulnay, il me semble que vous me comblez aujourd'hui, dit Fernande en essayant de sourire.

— Vous doutez toujours de vous-même, chère petite, et c'est un grand tort que vous avez vis-à-vis de vous, je vous jure. Eh bien! moi, je vous offre de parier une chose.

— Laquelle?

— Double contre simple.

— Dites.

— C'est que nous rencontrerons M. de Montgiroux au bois avant l'heure du dîner.

— Et pourquoi cela?

— Parce que vous avez produit une vive impression sur lui, parce qu'il est amoureux de vous, enfin.

Ces derniers mots percèrent le vague qui confondait toutes choses dans l'esprit de Fernande; sous une sorte de tranquillité d'esprit et de maintien, elle cachait le trouble intérieur, l'orage de la jalousie montait de son cœur à son cerveau; la résolution de ne plus revoir celui qui l'avait trompée, la nécessité d'une rupture, le désir de la vengeance même, bourdonnaient à ses oreilles, lui soufflant des projets confus, des décisions insensées. Au milieu de tout cela, une idée surgit tout-à-coup : Fernande, par la douleur même qu'elle éprouvait, sentait la faiblesse de son cœur. Si elle rencontrait Maurice, si Maurice, désespéré, suppliant, se jetait à ses genoux, elle pardonnerait, et, une fois qu'elle aurait pardonné, que serait-elle à ses propres yeux!... Il fallait donc rendre tout retour impossible; alors la femme qui avait aimé dans toute la pureté de son cœur, se rappela qu'on avait fait d'elle une courtisane, une femme galante, une fille entretenue ; un changement brusque, bizarre, inattendu, se fit dans toute sa personne, un frisson courut par tout son corps, une sueur froide passa sur son front ; mais elle essuya son front avec le mouchoir dont elle avait essuyé ses larmes : elle mit sa main sur son cœur pour en comprimer les battements ; puis, comme si elle sortait d'un rêve épouvantable :

— Que me disiez-vous, Madame ? répondit Fernande avec un sourire âcre et une voix stridente ; que me disiez-vous tout-à-l'heure ? je n'ai pas bien entendu.

— Je vous disais, chère petite, reprit madame d'Aulnay, que vous avez exercé votre influence ordinaire, et que notre convive est parti amoureux fou de vous.

— Qui, ce monsieur? dit Fernande. Ah! vous vous trompez, j'en suis sûre; il n'a fait aucune attention à moi.

— Dites, mon bel ange, que vous n'avez fait aucune attention à lui, et alors vous serez dans le vrai. *Ce monsieur,* comme vous dites, est un homme de goût, et je vous réponds, moi, qu'il vous a appréciée du premier coup-d'œil. Songez donc que rien n'échappe à ma perspicacité, à ma connaissance du cœur humain.

— Et vous le nommez?

— Mais je vous ai dit trois fois son nom, sans compter que Joseph l'a annoncé.

— Je n'ai rien entendu.

— Le comte de Montgiroux.

— Le comte de Montgiroux? répéta Fernande.

— Vous le connaissez de nom, n'est-ce pas?

— Très bien.

— Vous savez alors que c'est un homme digne de toute considération?

— Je sais tout ce que je voulais savoir, répondit Fernande d'un ton qui indiquait qu'il était inutile de s'appesantir davantage sur ce sujet.

— La voiture de madame est prête, dit le domestique en ouvrant la porte.

— Venez-vous, ma chère amie? demanda madame d'Aulnay.

— Me voici, répondit Fernande.

Toutes deux montèrent en voiture. Sans doute le bruit et le mouvement opérèrent chez la femme de lettres la distraction habituelle; mais Fernande resta muette, insensible. Ses yeux voyaient sans distinguer, son âme entière se concentrait dans sa douleur. Elle était plongée au plus intime de ses réflexions, que sa compagne avait eu la discrétion de ne pas interrompre, quand tout-à-coup madame d'Aulnay lui posa la main sur le bras.

— Voyez-vous? dit-elle.

— Quoi? répondit Fernande en tressaillant.

— Je vous l'avais bien dit.

— Que m'aviez-vous dit?

— Que nous le rencontrerions.

— Qui?

— Le comte de Montgiroux.

— Où est-il? demanda Fernande.

— C'est son coupé qui va croiser notre calèche.

En effet, un charmant coupé bleu-foncé et argent venait au grand trot d'un charmant attelage. Tout était jeune, le cocher, les laquais, les chevaux, tout, hors la tête qui passa par la portière, et qui jeta aux deux dames un gracieux salut.

Fernande répondit à ce salut par un charmant sourire.

Le coupé, emporté par sa course, disparut en un instant.

— Eh bien! cette fois, dit madame d'Aulnay, l'avez-vous vu?

— Oui.

— Eh bien! comment le trouvez-vous?

— Mais, dit Fernande, je le trouve très-convenable, et il me semble avoir bon air.

— Allons, allons, dit madame d'Aulnay, j'avais peur que cette fois encore votre préoccupation ne vous eût aveuglée. Dans tous les cas, ce n'est pas la dernière fois que nous le rencontrerons, allez ; soyez tranquille.

En effet, après un quart d'heure de promenade, et comme la voiture roulait dans une allée sablonneuse, les deux femmes virent de nouveau l'élégant coupé venir à leur rencontre. Seulement, cette fois, au lieu de passer rapidement, il ralentit sa marche.

Madame d'Aulnay échangea quelques paroles avec le comte de Montgiroux, qui, en plongeant ses regards dans le coupé, put voir que Fernande tenait à la main un des bouquets qu'il avait envoyés. A cette vue, la figure du comte s'épanouit, et ce fut avec une voix triomphante qu'en quittant ces dames, il cria à son cocher :

— A l'hôtel.

— Il s'en va ravi, dit madame d'Aulnay.

— Et de quoi? demanda Fernande.

— Il a vu que vous teniez son bouquet à la main.

— Vous croyez qu'il l'a remarqué?

— Coquette! vous l'avez bien vu aussi. Maintenant, il ne tient qu'à vous qu'il y ait sous peu une vacance à la pairie.

— Comment cela?

— Tenez rigueur au comte, et j'engage ma parole qu'avant huit jours il se brûle la cervelle.

— Vous êtes folle!

— Non pas. Vous êtes non-seulement aimée, mais adorée. Ne méprisez point cela, allez; c'est très bon d'être adorée.

— Hélas! dit Fernande avec un profond soupir. — Puis, tout-à-coup, reprenant cette feinte gaîté que depuis un instant elle avait appelée à son secours : — Mais je me rappelle, continua Fernande, nous dînons avec le comte, n'est-ce pas?

— Oui, et il est allé chez lui changer de toilette.

— C'est justement ce à quoi je pensais. Ne serait-il pas bon que vous me jetassiez chez moi pour que j'en fasse autant?

— Allons donc! votre négligé est charmant. N'allez point altérer ce beau désordre, cher ange... vous auriez l'air d'avoir fait des frais pour lui. Si c'était un jeune homme de vingt-cinq ans, à la bonne heure ; mais il ne faut pas nous gâter nos vieux, il n'y a plus que ceux-là d'aimables.

— Comme vous voudrez, dit Fernande, qui tremblait au fond du cœur, en rentrant chez elle, d'y retrouver Maurice.

La promenade continua pendant une heure encore, mais la conversation se termina là; ou si elle reprit quelque activité, M. de Montgiroux avait cessé d'en être l'objet.

En rentrant chez elle, madame d'Aulnay trouva la table dressée. Il était évident qu'ainsi qu'il avait demandé la permission de le faire, le comte avait passé par là.

A six heures juste, on annonça le comte de Montgiroux.

Il entra, et saluant la maîtresse de la maison :

— Affirmez à Madame, dit-il, que, pour venir à six heures, je ne suis pas tout-à-fait un provincial; seulement le désir de vous voir m'a poussé en avant, voilà tout.

Puis, avec une aisance parfaite, le comte s'assit, parla avec un charme extrême de toutes les choses dont on parle

aux femmes, de la pièce nouvelle à l'O-
péra, du prochain départ du théâtre Ita-
lien pour Londres, des projets de campagne, demandant aux femmes ce qu'elles
comptaient faire, n'ayant, lui, rien de bien
arrêté, et déclarant que si la Chambre lui
en laissait la liberté, il était prêt à se mettre à la disposition du premier caprice
venu.

Et, en prononçant ces mots, il regardait Fernande, comme pour lui dire :
Faites un signe, Madame, et ce signe sera
un ordre; énoncez un désir, et ce désir
sera accompli.

Fernande répondit, comme le comte,
qu'elle ne savait pas ce qu'elle ferait,
mais, en tous cas, qu'ayant passé un hiver fort retiré, elle comptait, au retour
de la belle saison, prendre sa revanche.

Madame d'Aulnay avait une comédie à mettre en scène; occupation qui devait la retenir à Paris.

On se mit à table. M. de Montgiroux, placé entre les deux femmes, fut également galant pour toutes deux, sans que sa galanterie eût rien de ridicule. C'était même bien plutôt la douce bienveillance d'un vieillard, l'urbanité d'un homme distingué, que de la galanterie dans le sens qu'on attache à ce mot.

Fernande, dont le goût était si fin, dont le tact était si parfait, ne put s'empêcher de reconnaître en elle-même que M. de Montgiroux était digne de la réputation que madame d'Aulnay lui avait faite : et quoique son sourire fût profondément triste, deux ou trois fois elle se surprit à sourire.

On se leva de table et l'on passa au salon pour prendre le café. Comme on reposait les tasses sur le plateau, on annonça à madame d'Aulnay que le directeur du théâtre auquel elle allait donner sa pièce avait à lui dire deux mots de la plus haute importance.

— Mon cher comte, vous le savez, dit madame d'Aulnay, les directeurs de théâtres sont, avec l'empereur de Russie et le Grand-Turc, les seuls monarques absolus qui restent en Europe, et à ce titre on leur doit bien quelque considération ; permettez donc que je vous quitte un instant pour recevoir mon autocrate; d'ailleurs, vous n'avez pas à vous plaindre, je l'espère, je vous laisse en bonne compagnie.

A ces mots elle se leva, baisa Fernande

au front, fit une révérence au comte et sortit.

Fernande sentit son cœur se serrer. Ce tête-à-tête était-il arrangé entre madame d'Aulnay et le comte? Était-elle véritablement traitée avec cette légèreté?

Puis, avant que madame d'Aulnay eût refermé la porte, elle fit un retour amer sur elle-même.

— Au fait, se dit-elle, répondant à sa pensée, que suis-je au bout du compte? une courtisane. Allons, pas d'hypocrisie, Fernande, et ne fais pas semblant de rougir de ton état.

Et alors elle releva la tête, qu'elle avait tenue un instant baissée, et força son regard de s'arrêter sur le comte.

— Madame, dit celui-ci, encouragé par la manière dont depuis le matin Fernande s'était conduite vis-à-vis de lui, et rapprochant son fauteuil du canapé où elle était à demi-couchée ; Madame, je ne vous avais jamais vue, mais j'avais bien souvent entendu répéter votre éloge. Je m'étais fait de vous une haute idée, vous l'avez surpassée par un charme inexprimable et par un goût exquis ; je m'attendais à voir briller la beauté dans tout l'éclat qui l'entoure d'ordinaire, et je trouve tant de modestie et de douceur dans votre regard et votre langage, que c'est tout au plus maintenant si j'ose vous dire ce que vous savez bien du reste, c'est-à-dire qu'il est impossible de vous voir sans vous aimer.

— Dites, Monsieur, répondit Fernande en souriant avec une profonde tristesse, que vous savez bien que je suis une de ces femmes à qui l'on peut tout dire.

— Eh bien! non, Madame, reprit le comte; peut-être étais-je venu ici avec cette idée, mais je vous ai vue, non point telle que vous a faite l'impertinent bavardage de nos jeunes gens à la mode, mais telle que vous êtes réellement. Et maintenant je tremble et j'hésite en essayant de vous faire comprendre que je serais véritablement trop heureux si vous me permettiez de vous consacrer quelques-uns des instants que me laissent mes devoirs d'homme d'état,

Fernande reçut cette déclaration prévue avec un sourire doux et mélancolique. Il eût fallu connaître ce qui agitait son âme, pour comprendre tout ce que ce sourire contenait d'amertume. Mais M. de Montgiroux n'était ni d'un rang ni d'un âge à s'effrayer de cette restriction muette, et d'ailleurs presque imperceptible; il désirait trop pour oser approfondir.

Alors, sans aller plus loin dans l'expression directe de ses sentiments, avec ce tact infini, avec cet art merveilleux que les gens de qualité mettent à dire les choses les plus difficiles, il aborda les conditions du traité en termes si délicats qu'on pouvait se méprendre, à la rigueur, sur le motif de cette honteuse proposition, sur le but de ce trafic infâme. En effet quiconque, sans les connaître, voyant ce vieillard et cette jeune femme, eût entendu leur conversation, eût pu supposer qu'elle était dictée par le sentiment le plus saint et le plus respectable, eût pu croire qu'un père s'adressait à sa fille, ou qu'un mari, sachant qu'il lui fallait racheter son âge par la bonté, cherchait à plaire à sa femme. Il parla du bonheur d'avoir une grande fortune avec la reconnaissance d'un homme qu'on oblige en l'aidant à la dépenser. Il exalta la générosité de l'amie qui donnerait du prix à sa richesse en la dissipant. Le partage, dit-il, n'est bien souvent qu'un acte de justice, que la restitution d'une chose due. Deux beaux cheveaux gris ne sont-ils pas bien plutôt destinés à traîner lestement une femme élégante qu'un grave pair de France, qui ne peut décemment écraser personne? Une loge à l'Opéra n'est-elle pas naturellement disposée au premier rang pour faire briller un jeune et frais visage, et non pour encadrer la maussade figure d'un homme d'état? Ce qui lui convient, à lui, c'est une petite place tout au fond, dans le coin le plus obscur, et encore si l'on

veut bien l'y souffrir. Qu'ai-je de mieux à
faire, continua-t-il, moi célibataire, moi
sans enfants, qu'entourer les autres d'affections et de soins? J'aime à courir les
magasins ; cela me distrait ; on trouve que
je ne manque pas de goût. Je ne veux pas
rester dans les entraves de la routine et
dans les habitudes d'autrefois, donc je
suis dans la nécessité d'acheter beaucoup
pour me tenir au courant de la mode.
D'ailleurs un homme de mon rang doit
dépenser dans l'intérêt du commerce ;
c'est une question gouvernementale : cela
me fait des partisans, cela me rend populaire. Puis, j'ai une qualité : je paie exactement tous les mémoires qu'on m'apporte, surtout lorsqu'ils ne me sont pas
personnels. Et puis, croiriez-vous que mon
intendant ne me laisse pas la douceur de

m'occuper de ma maison? tout y est étiqueté par l'usage, si bien qu'il me faut chercher ailleurs le plaisir de tâtillonner un peu.

Aux premières paroles du comte, l'orgueil de Fernande s'était soulevé; mais biéntôt elle avait pris un triste plaisir à s'humilier elle-même en écoutant et en s'appliquant ce discours détourné. Que suis-je? se disait-elle tout bas; une courtisane, et pas autre chose; une maîtresse qu'on prend pour se distraire de sa femme. De quel droit me fâcherais-je qu'on me parle ainsi! Trop heureuse encore qu'on adopte de semblables formes, qu'on recoure à de pareils ménagements; allons donc, Fernande, du courage.

Et pendant tout ce discours du comte

de Montgiroux, elle sourit d'un délicieux sourire; puis, lorsqu'il eut fini :

— En vérité, dit-elle, monsieur le comte, vous êtes un homme charmant.

Et elle lui tendit une main que le comte couvrit de baisers.

En ce moment madame d'Aulnay rentra.

Au bout de cinq minutes, le comte eut le bon goût de prendre son chapeau et de se retirer. Mais en rentrant chez elle, Fernande trouva le valet de chambre de M. de Montgiroux, qui l'attendait un petit billet à la main.

Fernande prit le billet, traversa rapidement le salon, et entra dans sa chambre à coucher, dans la chambre à coucher grenat et orange, dans la chambre à coucher au lit du bois de rose, et non pas dans la cellule virginale, qui, ouverte pour

Maurice seulement, et refermée derrière lui, ne devait jamais se rouvrir pour un autre homme.

Là, elle ouvrit le billet et lut :

« Lorsqu'on a eu le bonheur de vous
« voir, lorsqu'on meurt du désir de vous
« voir encore, à quelle heure, sans être
« indiscret, peut-on se présenter à votre
« porte?

« Comte de Montgiroux. »

Fernande prit une plume et répondit :

« Tous les matins jusqu'à midi ; tous
« les jours jusqu'à trois heures quand il
« pleut; tous les soirs quand on me fait la
« cour; toutes les nuits quand on aime.

« Fernande. »

Aspasie n'aurait pas répondu autre chose à Alcibiade ou à Socrate.

Pauvre Fernande! il fallait qu'elle eût bien souffert pour écrire un si charmant billet.

IX

A partir du lendemain tout changea dans la vie intérieure et extérieure de Fernande. Le bruit, le mouvement, les concerts, les spectacles, ne suffisaient plus au besoin qu'elle éprouvait de s'étourdir; elle voulut de nouveau être adorée, elle se refit l'âme de cette vie frivole qu'on appelle à Paris la vie élégante; son salon redevint le rendez-vous des lions les plus renommés, une succursale du *Jockey-Club*. Plus de lectures, plus de travaux, plus d'études, une agitation perpétuelle, une fatigue physique destinée à donner un peu de repos à l'âme, voilà tout. La vie de courtisane, oubliée un instant, remontait du fond à la surface, et le souvenir de Maurice était refoulé dans les abîmes les plus profonds et les plus secrets de ce cœur qui, pendant tout un hiver, lui avait voué le culte du plus pur amour.

Le comte de Montgiroux, dont la présence avait amené chez Fernande tout ce changement, devenait de jour en jour plus amoureux de sa maîtresse, mais en même temps plus jaloux. Fernande avait calculé ce qu'elle faisait en recevant chez elle M. de Montgiroux : c'était la réserve de sa liberté tout entière qu'elle avait stipulée. Plus heureuse que ne le sont les femmes mariées, qui ne peuvent aimer un autre homme sans trahir leur mari, Fernande n'avait jamais trompé un amant; mais elle avait toujours exigé qu'une indépendance absolue lui fût accordée : il fallait se fier à sa parole ou la perdre. Elle voulait avoir la liberté d'admettre chez elle qui lui plaisait, de promener dans sa voiture qui lui paraissait agréable, de faire les honneurs de sa loge à qui bon lui semblait. Cette condition tacite qu'elle avait mise au marché qu'elle avait fait avec M. de Montgiroux, désespérait le pauvre pair de France qui, tiraillé d'un côté par les craintes que lui inspirait toujours en pareil cas sa vieille liaison avec madame de Barthèle, retenu de l'autre par une pudeur sociale, ne pouvait suivre

Fernande dans tous ses plaisirs, et, se rendant justice en comparant ses vingt-deux ans à ses soixante années, était sans cesse poursuivi de l'idée qu'elle le trompait. Sa vie se passait donc en appréhensions continuelles, en craintes toujours renaissantes; la tranquillité morale, qui fait ce calme si nécessaire à la vieillesse, était détruite. A chaque heure du jour il arrivait chez Fernande, et chaque fois il la trouvait souriante, car Fernande était reconnaissante des attentions que M. de Montgiroux avait pour elle, et elle, qui était si jalouse, elle avait pitié de sa jalousie. Il en résultait que, tant que le comte était là, tenant la main de Fernande dans la sienne, il était confiant, il était heureux; mais dès qu'il l'avait quittée, l'idée de Fernande au milieu de ces beaux jeunes gens, pour lesquels elle devait avoir toutes les sympathies d'un même âge, lui revenaient à l'esprit, et ses craintes, apaisées un instant, renaissaient plus vives et plus poignantes au fond de son cœur. Et cependant si, doué de la faculté de lire jusqu'au fond de l'âme, quelqu'un eût pu comparer la situation du comte à l'état de la femme qui la causait sans le vouloir et sans le savoir, il l'eût certes enviée.

En effet, Fernande, comme nous l'avons dit, n'avait adopté cette vie de bruit et d'agitation que pour échapper à elle-même, et tant qu'elle volait emportée par deux vigoureux chevaux, tant qu'elle se laissait aller à l'enivrement de la voix de Duprez ou de Rubini, tant qu'elle souriait du délicieux sourire de mademoiselle Mars dans l'ancienne comédie ou qu'elle pleurait de ses larmes dans le drame moderne, tant qu'elle était adulée, fêtée, soit comme reine de son salon, soit comme l'âme d'un joyeux repas, elle arrivait encore tant bien que mal au but qu'elle s'était proposé; mais lorsqu'elle était seule, la réalité, suspendue sur sa tête comme l'épée de Damoclès, brisait le fil qui la retenait, et la pauvre femme retombait navrée par sa douleur sous le rocher de Sisyphe, qu'elle ne pouvait repousser jusqu'à la cime de l'oubli.

Et alors c'était quelque chose d'effrayant que l'abattement de Fernande, et elle-même craignait si fort la solitude, qu'elle retenait autour d'elle, même les plus ennuyeux, même les plus antipathiques de ses adorateurs, pour ne pas se sentir rouler dans les abîmes de sa pensée. Rien n'avait plus de prise sur ce marasme, ni lecture, ni musique, ni peinture; la puissance de sa volonté la soutenait-elle parfois, était-elle arrivée, quoique seule, à se distraire de l'éternelle préoccupation qui l'obsédait : sa conscience, plus forte que sa volonté, l'attendait dans le sommeil. Alors c'étaient des rêves ou délirants de bonheur ou atroces de désespoir; quand elle ne serrait pas Maurice dans ses bras, elle voyait Maurice serré aux bras d'une autre. Bientôt elle se réveillait, fiévreuse et glacée à la fois; elle sautait à bas de son lit, elle quittait cette chambre banale pour se réfugier dans cette petite cellule blanche, toute parfumée de ses plus doux souvenirs. Puis, vêtue d'un simple peignoir, les pieds nus dans ses mules brodées, elle s'agenouillait devant ce lit, que jamais une pensée vénale n'avait souillé. Là parfois les larmes lui revenaient, et les nuits où elle pouvait pleurer étaient ses heureuses nuits; car alors les larmes amenaient l'épuisement, et l'épuisement une espèce de calme.

C'était pendant ces courts instants de calme que Fernande s'interrogeait sur ce qu'elle avait fait, et se demandait si elle avait fait ce qu'elle devait faire; c'était alors qu'elle essayait de s'expliquer une conduite que l'instinct seul lui avait suggérée; c'était alors qu'elle cherchait à se rendre compte du passé.

— Pourquoi l'avoir chassé? disait-elle. Quel était son crime? de m'aimer, de m'avoir caché qu'il était marié, parce qu'il m'aimait, de me préférer par conséquent à sa femme, à celle que l'orgueil et les conventions sociales lui avaient imposée avant qu'il me connût, trois années avant! Et à quel moment, folle que je suis, ai-je été rompre avec lui, lorsque cet amour était devenu une partie de mon âme, une portion de ma propre vie! Qui ai-je puni? moi d'abord, lui ensuite; car qui dit qu'il m'aimait, lui, autant que je l'aime! qui dit qu'il souffre ce que j'ai souffert! Oh! il m'aime comme je l'aime, il est puni comme je suis punie, il souffre comme je souffre, et c'est ma consolation. Oh! mon Dieu! qui m'eût dit que j'éprouverais le besoin de le voir souffrir?

Et Maurice souffrait effectivement, comme le disait Fernande. Chaque jour, depuis le jour où elle l'avait consigné à sa porte, il était revenu à l'heure où il avait l'habitude de venir. Alors il y avait pour Fernande un moment de douloureuse satisfaction ; Maurice, pâle et tremblant, venait s'assurer que l'ordre qui le proscrivait subsistait toujours, et chaque jour elle voyait s'éloigner Maurice plus pâle et plus tremblant que la veille : cependant aucune plainte ne s'échappait de sa bouche; il remontait en voiture, la voiture disparaissait à l'angle de la rue, et tout était dit. Fernande, cachée derrière un rideau, la main sur son cœur, qui tantôt se resserrait comme s'il avait cessé de battre, tantôt se dilatait comme s'il allait lui briser la poitrine, ne perdait pas un de ces mouvements, et, s'approchant de la porte de l'antichambre, aspirait le son de sa voix. Puis, lui parti, la voiture disparue, elle tombait sur un fauteuil, l'appelant du fond de son cœur et cependant ne cédant pas. Pourquoi? parce que la vue de Maurice avait fait naître un autre ordre d'idées dans son esprit, en y éveillant les mystères les plus secrets de la jalousie. En effet, si, avec la connaissance du mariage de Maurice, Fernande n'avait pas cessé de le voir, ce bonheur qu'elle regrettait n'eût-il pas été plus terrible que la souffrance même? Le plus léger retard au moment de son arrivée, son départ dix minutes avant l'heure accoutumée, l'altération de ses traits, un sourire moins doux, une préoccupation involontaire, un de ces mille riens imprévus auxquels, dans un autre temps, elle n'eût même pas songé, eussent altéré à chaque instant cette sécurité sur laquelle elle appuyait nonchalamment son existence. Entre la femme d'en haut et la femme d'en bas, sa conscience n'eût pas supporté le parallèle. Cette terreur soudaine, cette répulsion invincible que le secret révélé avait fait naître en elle, c'était donc une sainte inspiration, que le ciel lui avait envoyée, et qu'elle devait suivre. Toute vérité vient de Dieu, quelle que soit la cause qui la met au jour et l'effet qu'elle produit. Si elle eût continué à voir Maurice, Maurice n'eût pas été malheureux, Maurice n'eût pas souffert, et il fallait que Maurice fût malheureux et souffrît, c'était la consolation des nuits sans sommeil de Fernande, c'était la compensation de ses jours voués au rire. Un dernier lien existait encore entre elle et Maurice, celui d'une triste sympathie :

tout n'était pas détruit entre eux, une douleur commune leur restait.

Mais bientôt un tourment plus affreux attendait Fernande. Un matin, à l'heure où Maurice avait l'habitude de venir s'assurer que son malheur était toujours le même, Maurice ne parut pas. Alors une jalousie inouïe, inconnue, dévorante, s'empara de Fernande. Maurice pouvait se consoler, Maurice pouvait oublier; elle pouvait revoir Maurice un jour, calme, spirituel, comme elle l'avait vu souvent, sans qu'à son aspect il pâlit et tremblât; c'était une chose à laquelle elle n'avait jamais songé, parce qu'elle lui avait paru impossible!

Alors ce fut au tour de Fernande, sous un long châle, sous un voile épais, d'aller errer autour de l'hôtel de la rue de Varennes, dans l'espérance d'apercevoir

Maurice. Une porte cochère à demi entr'ouverte; une cour sans mouvement, un perron sans valets; une maison sans habitants, muette le jour, sombre la nuit, voilà ce qui répondit, chaque fois qu'elle l'interrogea du regard, à son impatiente curiosité, lorsqu'elle venait comme une ombre passer devant ce tombeau!

Et cependant Fernande continuait la même existence, les mêmes plaisirs apparents revenaient aux heures qui leur étaient consacrées; par une réaction terrible sur elle-même, Fernande avait la force de vivre au milieu de ses frivoles adorateurs; elle souriait courageusement à M. de Montgiroux, sa toilette dénonçait les mêmes soins. Le soir, on voyait ses chevaux gris piaffer à la porte des théâtres; le jour, on voyait sa voiture traverser rapidement les allées du bois. A l'Opéra, elle semblait attentive à la voix des chanteurs; au Théâtre-Français, elle continuait d'applaudir Célimène ou Hortense; l'encens de la flatterie formait un nuage vaporeux autour de sa tête resplendissante de jeunesse, étincelante de diamants; elle vivait enfin dans une atmosphère où la beauté, promptement étiolée, laisse un corps sans charme, une âme froide, un cœur vide, un esprit épuisé, et pour la première fois, comprenant l'importance de la richesse, elle y attachait du prix. Fernande avait de fréquentes entrevues avec son notaire; elle achetait des terres, disait-on.

Les plus ardents adorateurs de Fernande étaient Fabien de Rieulle et Léon de Vaux: seulement Fabien, qui connaissait Fernande depuis trois ou quatre ans, affectait avec elle les airs d'un ancien amant, tandis que Léon prenait à tâche d'avoir pour elle ces mille petites prévenances qui indiquent qu'on cherche à obtenir ce que Fabien laissait croire qu'il avait obtenu. Fernande riait de tous deux ; Fabien, avec sa corruption froide, avec sa séduction calculée, était pour elle une étude, tandis que Léon de Vaux, avec sa fatuité naïve, sa conviction d'élégance, son affectation de bonnes manières, n'était pour elle qu'un jouet. Elle avait bien eu l'idée que la lettre anonyme qu'elle avait reçue partait de l'un ou de l'autre, et peut-être même de tous les deux, mais rien dans leur conduite n'avait pu lui donner sur ce point la moindre certitude. En tout cas, si la lettre était de Léon de Vaux, elle n'avait en rien atteint le but qu'il se proposait. Fernande, aux yeux de tous, était restée libre, son cœur conservait trop d'amour, son âme avait acquis trop de douleurs, pour qu'elle cherchât même à attacher un sens sérieux aux paroles de galanterie dant on étourdissait ses oreilles, souvent elle les laissait passer comme si elle ne les avait pas même entendues, souvent elle y répondait par des sarcasmes; son caractère, autrefois doux et bienveillant, devenait mordant et âcre; cette haine misanthropique qu'elle avait senti naître pour l'humanité, depuis que l'humanité la faisait souffrir, devenait chaque jour plus ardente, ses yeux désenchantés n'apercevaient plus que le côté honteux de toutes choses, elle dénaturait jusqu'aux bonnes intentions; la vérité la menait à l'injustice, parce qu'un peu de bonheur n'établissait pas l'équilibre par une indulgence indispensable ici-bas.

— Mais, cher ange, lui disait un matin madame d'Aulnay, que vous est-il donc arrivé qui vous change ainsi le caractère ? vous devenez véritablement insupportable, et l'on ne vous reconnaît plus.

— Eh, Madame ! dit Fernande, qui donc m'a jamais connue ?

— Vous vous faites des ennemis, je vous en préviens, chère petite.

— Qu'est-ce que cela prouve ? c'est que je veux enfin savoir la vérité...

— Triste avantage. On vous délaissera, si cela continue.

— Oh ! pas tout-à-fait. Vous parliez des ennemis que je me fais, ceux-là me resteront, je l'espère.

— Votre esprit est amer, Fernande !

— Comme les plantes qui purifient, Madame.

— Oh ! vous avez réponse à tout, je le sais bien; mais prenez garde, personne n'est sans reproches.

— Aussi, croyez-le, je suis si sévère lorsque je me juge, que je ne me raccommode avec moi-même que lorsque je me compare.

— Tout cela est excellent pour la repartie, mais on vit dans ce monde.

— Comme vous, ou hors du monde, comme moi.

— Mais, avec un peu d'adresse, vous y eussiez été reçue dans ce monde.

— Et même, en ajoutant à un peu d'adresse beaucoup d'hypocrisie, j'aurais pu y être considérée, n'est-ce pas ?

— Mais non. Voyez moi, par exemple;

eh bien, entre nous, chère petite, tout le monde sait que le marquis de *** est mon amant.

— Oui, mais tout le monde sait aussi que M. d'Aulnay est votre mari; et puis, je ne suis pas femme de lettres, moi, on me juge d'après mes œuvres.

— Et moi, d'après quoi me juge-t-on ?

— D'après vos ouvrages. N'avez-vous pas vu une de vos confrères avoir trois ans de suite le prix de vertu, parce que M. de L..., chef de bureau au ministère, n'était pas assez riche pour l'entretenir?

— Ainsi nous verrons Fernande misanthrope.

— Je n'ai pas, comme vous, assez de bonheur, de calme et de considération pour jouer le rôle de Philinte.

— Croyez-moi, ma chère, le rôle qui

convient à toute jeune et jolie femme est celui de Célimène.

— Prenez garde; il n'y a pas de Célimène qui avec le temps ne devienne une Arsinoé.

— Méchante, on ne fera donc jamais rien de vous ?

— Je suis ce que vous m'avez faite, Madame; et vous appelez cela rien ! vous êtes difficile.

— Je vous conseille de vous plaindre, vous avez un luxe effréné, un hôtel, des chevaux.

— C'est pour arriver plus vite au but.

— Ambitieuse ! on vous fera un chemin de fer.

— Ne m'en parlez pas, je les déteste.

— Pourquoi cela ?

— Sans doute bientôt, grâce aux chemins de fer, on ne sera plus loin de personne.

— Oui, mais quand un pays s'épuise, on pourrait aller dans un autre, et ce serait un profit tout clair pour certaines industries que de pouvoir être à Saint-Pétersbourg, par exemple, du jour au lendemain.

A ces mots, la femme de lettres s'était levée, et avec une révérence ironique elle avait quitté le salon.

Dix minutes après, Fabien de Rieulle et Léon de Vaux étaient entrés; ils venaient proposer à Fernande une promenade à Fontenay-aux-Roses, où, selon eux, une charmante villa était à vendre. Cette promenade, qui distrayait Fernande du bois, était une chose nouvelle, et par conséquent présentait une sorte d'attrait; la promenade fut acceptée, et fixée au lendemain matin.

Nous avons vu ce qui s'était passé à Fontenay-aux-Roses, avant et depuis l'arrivée de Fernande ; comment par son ton et par ses manières, elle avait su se faire une position à part dans l'esprit de la baronne ; comment M. de Montgiroux et Fernande s'étaient reconnus ; enfin comment, au nom de Maurice, prononcé devant elle, et en apprenant qu'elle était entre la mère et la femme de son ancien amant, Fernande s'était évanouie. Nous avons dit aussi comment, en revenant à elle, Fernande s'était retrouvée à l'instant maîtresse d'elle-même, et comment son esprit juste et ferme lui avait permis de dominer la situation étrange dans laquelle elle se trouvait.

Les résolutions fortes, les mouvements généreux sont pour l'âme une sorte de feu céleste qui la soutient énergique et libre. Fernande, depuis sa bruyante solitude, dans le tourbillon de son isolement, avait formé tant de projets, prévu tant de circonstances, qu'il lui devenait facile d'agir et de parler. Cependant jamais elle n'avait supposé, même dans les rêves les plus impossibles de son imagination, qu'elle reverrait un jour Maurice dans la maison qu'il habitait, qu'elle y serait reçue par sa mère et sa femme, et qu'elle lui serait conduite par elle; mais Maurice se mourait de douleur de l'avoir perdue, quand elle avait, elle, le courage de vivre au milieu de ce qu'on appelle les plaisirs, et cette pensée ranimant tout-à-coup ses facultés abattues, elle put lier l'avenir au passé, elle put reprendre sa dignité dans l'œuvre de dévouement qu'on la suppliait d'accomplir : devant deux femmes respectées, elle sentit elle-même le besoin d'être digne de respect. Aussi, en rouvrant les yeux, elle ne fut intimidée ni par la présence du comte de Montgiroux, ni par celle des deux jeunes gens qui l'avaient attirée dans le piège où elle était tombée; un éclair du ciel venait de lui montrer dans l'avenir une vengeance selon son cœur. Fernande avait surpris entre Clotilde et Fabien un de ces regards qui expliquent aux femmes toute une situation, regard audacieux et plein d'espoir de la part de Fabien, regard pudique et presque douloureux de la part de Clotilde. En une seconde, sa mémoire réunit les faits, sa pensée les groupa; elle comprit comment Fabien, tout en laissant la responsabilité à Léon de Vaux, l'avait conduite, elle Fernande, en face de la femme de Maurice. Tous les calculs qu'avait pu former sur cette rencontre l'esprit intrigant de Fabien lui furent révélés : le dépit de la jeune femme contre son mari, la jalousie de Clotilde contre Fernande; tout devait être mis à profit par celui qui avait mené cette intrigue. Elle sentit ce que doit sentir, au milieu d'une bataille acharnée, un général qui devine le plan de l'ennemi, et qui comprend qu'en l'attaquant d'une certaine façon, il est sûr de la victoire. Elle comprit que c'était non pas le désir aveugle des hommes, mais la main intelligente de Dieu qui avait conduit tout cela, et elle eut cette conviction soudaine qu'elle était, elle, pauvre fille sans nom, elle, pauvre courtisane méprisée, appelée à rendre la paix à la noble famille dans laquelle elle était admise, en sauvant non-seulement la vie à Maurice, mais encore l'honneur à sa femme.

Ce fut la tête inclinée par cette haute pensée, le cœur affermi par cette sainte espérance, que Fernande monta entre madame de Barthèle et Clotilde l'escalier qui conduisait à la chambre de Maurice.

X

Il y avait, comme nous l'avons dit, deux portes à la chambre de Maurice, l'une qui donnait du corridor dans la chambre, l'autre placée à la tête du lit, et qui était une porte de dégagement. C'était, placées à cette porte, que madame de Barthèlè et Clotilde avaient la veille écouté la conversation qui avait eu lieu entre Maurice et les deux jeunes gens.

On s'arrêta devant la porte du corridor.

— Entrez avec précaution, Madame, dit la baronne en indiquant à Fernande la porte qu'elle devait ouvrir; le docteur ne nous dissimule pas ses craintes. Le comte de Montgiroux vous a dit l'état de délire où est le malade. Madame, je ne vous prescris rien; je ne vous recommande rien; je vous renouvelle cette prière, voilà tout : je suis mère, rendez-moi mon fils.

Clotilde gardait le silence.

La courtisane les regardait l'une et l'autre avec un attendrissement involontaire; il n'y avait là personne qui pût tourner en dérision leurs situations respectives. Elle comprit quelle puissance excerçait l'amour sur le cœur de la mère, et quelle touchante résignation la sainteté du mariage donnait à la contenance de l'épouse. Elle se vit, en dépit des lois de la morale et des préjugés sociaux, revêtue d'une sorte de sacerdoce que le sentiment sanctifiait à des titres différents. Elle fit donc aux deux femmes un signe d'acquiescement. Elles allèrent prendre leur place au poste qu'elles s'étaient réservé, et Fernande, restée seule, posa la main sur le bouton de cristal de la porte, qui s'entrouvrit.

Un éblouissement passa sur ses yeux; elle s'arrêta.

En même temps elle entendit la voix de Maurice, qui, enveloppé par les rideaux du lit, ne pouvait la voir, et qui cependant, par cette puissance d'intuition si développée chez les malades, l'avait devinée.

— Laissez-moi, laissez-moi, s'écriait Maurice avec un accent âcre et doux à la fois, et se débattant entre les mains du docteur; laissez-moi, je veux la voir, elle est ici, j'ai entendu sa voix, je sens le parfum qu'elle aime; ma mère et ma femme ne sont pas là, laissez-moi, je veux la voir avant que de mourir.

Et Maurice prononça ces derniers mots avec un accent si douloureux qu'il produisit le même effet sur les trois femmes, qui toutes trois, par un sentiment irréfléchi et instantané, s'élancèrent en avant. Madame de Barthèle et Clotilde surgirent donc de chaque côté du chevet du lit, tandis que Fernande apparaissait au pied.

Il y eut un instant de silence étrange.

Le jour pénétrait faiblement dans la chambre; cependant Fernande put voir

Maurice soulevé sur son lit, pâle comme un spectre, le regard ardent de fièvre, et fixant tour à tour, avec une expression qui tenait de la folie, son œil dilaté sur sa mère, sur Clotilde et sur Fernande.

La mère et l'épouse, que la conscience de leur position rendait hardies, soutenaient Maurice entre leurs bras, tandis que Fernande humble et tremblante, clouée à sa place à la vue de ces deux anges gardiens qui semblaient défendre Maurice contre elle, se retenait à un fauteuil et n'osait faire un pas en avant. Maurice poussa un soupir ; et comme si, convaincu qu'il était en proie au délire, il eût renoncé à rien comprendre de ce qui se passait autour de lui, il ferma les yeux et laissa retomber sa tête sur l'oreiller.

Madame de Barthèle et Clotilde allaient

pousser un cri de terreur, lorsqu'un geste impératif du docteur arrêta ce cri sur leurs lèvres. Elles s'arrêtèrent donc immobiles, muettes, et debout de chaque côté du chevet. Pendant ce temps, Fernande avait jugé l'importance de la situation, la crise était arrivée ; tout dépendait d'elle.

Elle fit un puissant effort sur elle-même, et se glissant avec le pas d'une ombre jusqu'au piano entr'ouvert entre les deux fenêtres, elle s'assit; puis, laissant courir ses doigts sur les touches, elle préluda lentement à l'air : *Ombra adorata*, qu'elle fit entendre à demi-voix avec une telle puissance de sentiment qu'aucun des spectateurs de cette scène n'échappa à l'influence de cette mélodie, qui, pareille à une voix venant du ciel, à une consolation merveilleuse, à un écho mystérieux du passé, flotta un instant dans l'air, et vint s'abattre sur le malade. En proie à une émotion intime, Maurice alors rouvrit lentement les yeux, et se soulevant comme en extase, sans chercher à savoir d'où venait le prodige, il écouta, comme si tous ses sens s'étaient réfugiés dans son âme, tandis que le médecin recommandait à tous l'immobilité et le mutisme. Rien ne troubla donc Fernande pendant toute la durée de l'air, et la dernière note vibra et s'éteignit au milieu d'un silence religieux. Maurice, qui avait écouté en retenant son souffle, respira comme si un poids énorme lui était enlevé de dessus la poitrine. Alors, encouragée par l'effet qu'elle venait de produire, Fernande osa se montrer.

Elle se leva du fauteuil où elle était assise, se tourna vers le lit, et s'avança du côté du malade, tandis que le médecin ouvrait un des rideaux qui interceptaient le jour. Fernande se révéla aux yeux de Maurice comme une apparition surhumaine, toute resplendissante d'une sorte d'auréole que le soleil formait autour d'elle,

— Maurice, dit la courtisane en tendant la main au malade, qui la voyait s'approcher de son lit avec l'anxiété du doute, Maurice, je viens à vous.

Mais le jeune homme, se rappelant instinctivement la présence de sa mère et de sa femme, se retourna du côté où il devinait qu'elles devaient être, et les apercevant toujours à la même place :

— Clotilde! s'écria-t-il, grâce! ma mère, ma mère, pardonnez!

Et une seconde fois il retomba sur son

lit, sans force, les yeux fermés, et dans le plus profond accablement.

Alors Fernande sentit que le moment était venu de se placer au-dessus des considérations de délicatesse qui l'avaient retenue jusqu'à cette heure, et de recourir à l'ascendant que la passion de Maurice lui assurait. Elle s'empara donc de la main dont le malade couvrait ses yeux, et sans paraître remarquer le frémissement que son simple toucher faisait courir par tout ce corps affaibli :

— Maurice, dit-elle avec une fermeté d'accentuation qui le fit tressaillir, et en le forçant à subir en même temps l'influence de son regard et la prépondérance de sa voix ; Maurice, je veux que vous viviez, m'entendez-vous ? Je viens au nom de votre mère, au nom de votre femme, vous ordonner de reprende courage, d'appeler la santé, de recouvrer la vie.

Et comme à son agitation elle sentit qu'il allait répondre :

— Écoutez-moi, continua-t-elle en interrompant sa pensée; c'est à moi de parler, c'est à moi de me justifier. Croyez-vous que le caprice ait seul réglé ma conduite? croyez-vous que j'aie vécu calme, sans souffrance, sans regrets, sans remords, moi qui n'ai pas de mère pour pleurer dans mes bras, moi qui n'ai pas d'amis dans les bras de qui je puisse pleurer, moi qui suis déshéritée à jamais des joies de la famille, moi qui regarde, triste et stérile, les autres femmes accomplir sur la terre la sainte mission qu'elles ont reçue du ciel? Dites, Maurice, croyez-vous que j'aie été heureuse, croyez-vous que je n'aie pas horriblement souffert?

— Oh! oui, oui, s'écria Maurice. Oh! je le crois, j'ai besoin de le croire.

— Eh bien! Maurice, regardez autour de vous maintenant. Voyez trois femmes dont la vie est suspendue à votre existence, et qui vous conjurent de renaître. Songez qu'à deux d'entre elles votre vie rend le bonheur, qu'à la troisième elle épargne un remords, et dites si vous vous croyez toujours le droit de mourir.

Pendant que Fernande parlait, le malade semblait, par ses grands yeux béants, par sa bouche entr'ouverte, aspirer chacun des mots qui tombaient de ses lèvres, et l'effet que cette voix produisait sur lui était immédiat et visible. Chaque parole semblait, en pénétrant jusqu'au fond de son cœnr, y paralyser un principe funeste. Ses nerfs, détendus comme par miracle, rendaient à ses membres raidis un peu de leur ancienne souplesse. Ses poumons oppressés se dilataient, et semblaient remplis d'un air plus pur. Un sourire passa sur ses lèvres, doux et mélancolique encore, mais enfin le premier sourire qui y eût passé depuis bien longtemps.

Il essaya de parler; cette fois ce fut son émotion et non sa faiblesse qui l'en empêcha.

Le docteur, enchanté de cette crise dont il avait prévu l'effet salutaire, recommanda par un signe, aux différents acteurs de cette scène d'agir avec prudence.

— Mon fils, dit madame de Barthèle en se penchant vers Maurice, Clotilde et moi nous savons tout comprendre, tout excuser.

— Maurice, ajouta Clotilde, vous entendez ce que dit votre mère, n'est-ce pas?

Fernande ne dit rien, elle poussa seulement un profond soupir.

Quant au malade, trop bouleversé pour percevoir des idées bien nettes, trop ému pour demander des explications, portant alternativement ses regards pleins de doute, de surprise et de joie, sur les trois femmes debout autour de lui, il tendit une main à sa mère, une main à Clotilde, et tandis que toutes deux se penchaient sur lui, il échangea avec Fernande un regard où Fernande seule pouvait lire.

Le docteur, comme on le pense bien, n'était point resté spectateur indifférent de la scène qu'il avait provoquée. Il avait, au contraire, observé toutes les impressions reçues par son malade, et voyant qu'elles autorisaient des prévisions favorables, il s'empara de la situation pour la diriger.

— Allons, Mesdames, dit-il en intervenant avec une sorte d'autorité respectueuse, ne fatiguons pas Maurice, il a besoin de repos. Vous allez le laisser seul, et après le déjeuner vous reviendrez faire un peu de musique pour le distraire.

Une inquiétude vague se peignit alors dans le regard du malade, dont les yeux suppliants se fixèrent sur Fernande; mais pour le rassurer indirectement, le docteur ajouta en s'adressant à madame de Barthèle et en désignant Fernande :

— Madame la baronne ordonne que

l'on conduise Madame dans l'appartement qui lui est destiné.

— Comment! s'écria Maurice ne pouvant retenir cette exclamation de joie.

— Oui, dit négligemment le docteur, Madame vient passer quelques jours au château.

Un sourire d'étonnement et de joie éclaira les traits du malade, et le docteur continua en affectant un ton magistral :

— Allons, puisqu'on m'a constitué dictateur, il faut que chacun m'obéisse. D'ailleurs, ce n'est pas bien difficile, je ne demande que deux heures de repos.

Et prenant une potion préparée à l'avance et la présentant à Fernande :

— Tenez, Madame, dit-il, donnez ceci à notre ami. Engagez-le à ne plus se tourmenter, et dites-lui bien que nous le gronderons, que vous le gronderez, s'il n'est pas docile à toutes nos prescriptions.

Fernande prit le breuvage et le présenta au malade sans dire une seule parole; mais son sourire était si suppliant, son regard implorait avec une expression si douce, son geste était si gracieux, que le malade, si longtemps rebelle aux ordres du docteur, but en fermant ses paupières, afin de ne pas voir disparaître le prestige de cette réalité douce et incroyable comme un songe. De cette façon il put croire que Fernande était toujours près de lui, et, bercé par cette douce pensée, il ne tarda point à s'assoupir. Aussitôt qu'elles se furent assurées de son sommeil, les trois femmes, s'éloignant sur la pointe du pied, sortirent de la chambre.

Madame de Barthèle était si heureuse

du succès de cette entrevue, qu'elle témoigna d'abord sa reconnaissance à Fernande avec plus d'abandon qu'il n'entrait dans son plan de le faire; mais la baronne, comme on l'a vu, était la femme du premier mouvement, et quand ce mouvement venait du cœur, presque toujours il la conduisait trop loin.

— Mon Dieu! Madame, dit-elle en sortant, que vous êtes bonne de venir nous rendre tous à l'espoir et à la vie. Mais, vous le comprenez, vous voilà engagée à ne pas nous quitter brusquement. Vous ne le pouvez pas, vous ne le devez pas. C'est un sacrifice que vous nous faites, nous le savons, en quittant pour nous Paris et ses plaisirs; mais nos soins et nos attentions sauront vous prouver au moins que nous apprécions votre générosité.

Par égard pour la femme de Maurice, dont on eût dit sans cesse que la baronne oubliait la présence, Fernande balbutia quelques paroles. Clotilde sentit son embarras et comprit sa retenue ; arrivée à la porte de la chambre destinée à l'étrangère :

— Je me joins à ma mère, Madame, dit-elle ; accordez-nous ce que nous vous demandons, et notre reconnaissance, croyez-le bien, sera égale au service que vous nous aurez rendu.

— Je me suis mise à vos ordres, Mesdames, dit Fernande ; je n'ai plus de volonté, disposez donc de moi.

— Merci, dit Clotilde en prenant avec un geste plein de grâce naïve la main de Fernande.

Mais aussitôt elle tressaillit en sentant que cette main était glacée.

— Oh! mon Dieu! Madame, s'écria-t-elle, qu'avez-vous donc?

— Rien, dit Fernande, et ce n'est pas pour moi qu'il faut craindre, ce n'est pas de moi qu'il faut s'occuper. Un peu de repos et de solitude m'aura bientôt remise de quelques émotions involontaires dont je vous demande bien humblement pardon.

— Mais cela se conçoit à merveille que vous soyez émue, s'écria madame de Barthèle avec sa légèreté ordinaire. Le pauvre enfant vous aime tant, qu'il n'y a rien d'étonnant que vous l'aimiez aussi de votre côté; d'ailleurs, il suffit de vous voir pour comprendre tout.

A ces mots, madame de Barthèle s'arrêta par une réticence involontaire, afin de ménager à la fois l'orgueil naturel de sa belle-fille et la modestie de la femme à laquelle elle faisait, par une circonstance si étrange, les honneurs de sa maison.

Pendant que la scène que nous avons racontée, toute de sentiment et de vérité, se passait dans la chambre de Maurice entre le malade et les trois femmes, une scène toute de raillerie et de mensonge se passait au salon, entre M. de Montgiroux et les deux jeunes gens.

Le pair de France, jaloux et craintif malgré lui par la seule influence de son âge et de son expérience, savait par madame d'Aulnay, son amie toute dévouée, comme nous l'avons vu, que les deux jeunes gens étaient de ceux qui se montraient les plus assidus près de sa belle maîtresse.

Fernande, d'ailleurs, ne cachant rien, par la raison qu'elle n'avait rien à cacher, sortait avec eux, les recevait dans sa loge, et les traitait avec cette intimité dont les amants sont toujours jaloux, et qui au contraire devrait bien moins les inquiéter que la réserve. Le comte était donc bien aise de s'assurer par lui-même du degré d'intimité où MM. de Rieulle et de Vaux en étaient arrivés avec Fernande. La circonstance était favorable; il doutait tout en voulant croire, il croyait tout en voulant douter. S'il n'y a rien de plus incompréhensible que le cœur d'une jeune femme, il n'y a rien de plus facile à comprendre que le cœur d'un homme déjà vieux; la défiance et la crédulité s'y livrent un combat perpétuel pour le compte de sa vanité. Dans le milieu social où vivait

M. de Montgiroux, la vanité joue un rôle si grave et si important, que bien souvent on la prend pour de l'amour, sans songer que, comme tout sentiment émané du cœur, l'amour est trop respectable pour être aussi commun qu'on le croit.

L'homme d'état, après avoir un instant réfléchi de quelle façon il entrerait en matière, par suite de ses habitudes parlementaires sans doute, commença donc l'investigation par des reproches, gourmandant d'un ton sérieux et protecteur les deux jeunes gens d'avoir introduit près de deux femmes aussi respectables que l'étaient madame de Barthèle et sa nièce une femme sur laquelle on répandait tant de mauvais bruits, qu'on accusait d'être plus qu'inconséquente, et qui ne pouvait manquer, par sa légèreté et son ignorance des usages du monde, où sans doute elle n'avait jamais été reçue, de causer quelque scandale dans la maison où l'on avait eu l'imprudence de la recevoir.

Malheureusement la tactique du parlementaire, excellente en toute autre occasion, devait échouer en cette circonstance par l'espèce de soupçon qu'avaient conçu les deux jeunes gens sur l'intimité secrète du comte de Montgiroux avec Fernande, et sur l'intérêt qu'il pouvait avoir dans ce cas de connaître la vérité. Aussi, par un rapide coup-d'œil échangé entre eux, le projet fut-il arrêté de tourmenter de compte à demi l'amant émérite qui prétendait exercer despotiquement les avantages de sa position d'homme riche. Tous deux, au reste, inquiétaient M. de Montgiroux à un degré égal, Fabien de Rieulle par ses airs d'ancien amant, Léon de Vaux par ses prétentions à devenir un amant nouveau. Cependant, comme on le comprend, la guerre devait être plus vive de la part de Léon de Vaux, qui n'avait rien à ménager dans la maison de madame de Barthèle, et qui de plus était excité par la jalousie, que du côté de Fabien de Rieulle, qui, dans ses projets sur Clotilde, tenait à ne point se faire d'ennemis autour de la jeune femme.

Ce fut donc Léon de Vaux qui ramassa le gant et qui répondit à l'improvisation accusatrice de M. de Montgiroux.

— Permettez-moi, monsieur le comte, dit-il, se posant en défenseur de l'innocence, permettez-moi de combattre les préventions que vous avez conçues contre madame Ducoudray.

— Madame Ducoudray, madame Ducoudray, reprit M. de Montgiroux avec une impatience qu'il ne put réprimer; vous savez bien que cette personne ne se nomme pas madame Ducoudray.

— Oui, je le sais bien, reprit Léon, puisque c'est un nom de circonstance que nous lui avons donné pour cette solennelle occasion; mais qu'elle s'appelle ou qu'elle ne s'appelle pas ainsi, il n'en est pas moins vrai que c'est une femme charmante, et que, comme toutes les femmes charmantes, on calomnie; voilà tout.

— On calomnie, on calomnie, reprit le pair de Fance; et pourquoi calomnierait-on cette dame, voyons?

— Pourquoi l'on calomnie? vous, homme politique, vous demandez cela? On calomnie parce qu'on calomnie, voilà tout. Au reste, ne connaissez-vous donc pas Fernande ?

— Comment l'entendez-vous? demanda le pair de France.

— Mais je demande si vous ne connaissez pas Fernande comme on la connaît, comme Fabien et moi nous la connaissons, pour avoir été chez elle, pour avoir été reçu dans sa loge, pour avoir été admis à ses soupers? Vous savez que ses soupers sont cités comme les plus amusants de Paris?

— Oui, je sais tout cela ; mais je ne connais pas madame Ducoudray.

— Pardon; vous me faisiez observer vous-même tout à l'heure que cette dame ne se nommait point madame Ducoudray.

—C'était pour ne pas dire..... Le comte

de Montgiroux s'arrêta tout embarrassé.

— Pour ne pas dire Fernande. Mais tout le monde l'appelle ainsi. Vous savez, c'est un des priviléges de la célébrité que d'entendre répéter son nom sans accompagnement aucun. Or, Fernande est une des célébrités fashionables de Paris par sa beauté et son esprit, par sa finesse et son aplomb, par sa coquetterie et son ingénuité. Oui, oui, tous tant que nous sommes, qui nous croyons bien fins ou bien forts, nos ruses les mieux conçues ne sont que des tours d'écoliers, comparées aux siennes. Elle a l'art sublime de donner à ses petits mensonges un air adorable de vérité. Enfin, ses tromperies sont combinées de telle façon qu'on les prend parfois pour des actes de dévouement. Et vous ne voulez pas que l'on calomnie une femme si supérieure? Allons donc! monsieur le comte. Mais je croirais manquer à ce que je lui dois si je ne la calomniais pas de temps en temps moi-même.

M. de Montgiroux était au supplice. Fabien s'en aperçut, et vint traîtreusement à son secours.

—Allons donc, Léon, dit-il d'un ton grave, c'est mal, ce que tu fais là, et cette légèreté n'est pas de mise, surtout au moment où Fernande consent, par notre entremise, à rendre à Madame de Barthèle un de ces services signalés que lui refuserait certainement une femme du monde; car ajouta-t-il, ce pauvre Maurice mourait tout bonnement d'amour pour elle, et personne ici n'en peut plus douter.

—D'amour, d'amour,... murmura M. de Montgiroux.

— Oh! cela, monsieur le comte, reprit Fabien avec la plus grande gravité, cela c'est la vérité pure. Maintenant Fernande partage-t-elle cette passion? et une cause quelconque la lui a-t-elle fait refouler dans le fond de son cœur, cet abîme où les femmes cachent tant de choses? voilà le problème. M. de Montgiroux, qui a une grande expérience du monde, et qui passe surtout pour avoir une profonde connaissance des femmes, va nous aider à le résoudre.

— Nullement, Messieurs, répondit le comte; il y a longtemps que je ne m'occupe plus de pareilles questions.

— Les questions qui intéressent l'humanité, monsieur le comte, sont dignes d'être examinées par les plus hauts esprits.

— Mon cher Fabien, je te préviens que

tu nous mènes droit aux abstractions philosophiques, tandis qu'au contraire il est question des plus matérielles réalités. M. le comte de Montgiroux accusait tout à l'heure Fernande d'être légère, inconséquente, coquette, inconvenante; il craignait que sa manière de se conduire ici ne fît scandale : il disait... il disait bien autre chose encore... Que disiez-vous donc, monsieur le comte?

— Ce que je disais n'a aucune valeur, Monsieur, puisque je ne connais pas madame Ducoudray.

— Madame Ducoudray! allons, c'est vous qui y tenez maintenant, reprit Léon de Vaux.

— J'y tiens parce que j'ai réfléchi, reprit le vieillard en composant son visage comme s'il eût été en cour de justice; j'y tiens parce qu'il est convenable que, tant que cette jeune dame restera ici, elle porte un nom qui ressemble à un nom de femme, et non un prénom...

— Qui ressemble à un nom de fille, reprit gravement Fabien. M. le comte de Montgiroux a parfaitement raison, et c'est toi qui es un écervelé, mon cher Léon.

— Très bien, Monsieur, reprit le comte; respectons les usages reçus, on ne s'en écarte jamais impunément, et moi-même j'ai eu tort, du moment où madame Ducoudray était reçue chez ma nièce, d'en dire ce que j'en ai dit.

— Monsieur le comte, dit à son tour Léon de Vaux en imitant le sérieux diplomatique du pair de France, je sais toujours me soumettre dès qu'on parle au nom du monde; mais c'est vous, daignez vous le rappeler, qui d'abord accusiez Fernande.

—J'avais tort, dit vivement le vieillard, je parlais sur oui-dire ; on devrait être assez sage pour ne jamais se laisser aller à ces opinions qui viennent on ne sait d'où et qui sont faites on ne sait pour quoi...

—Pardon, pardon, Monsieur le comte; mais il y a bien au fond quelque chose de vrai dans ce qu'on dit de Fernande.

— Mais aussi peut-être exagère-t-on, reprit le pair de France sans s'apercevoir qu'il était en pleine contradiction avec ce qu'il avait dit d'abord. En effet, la réserve de madame Ducoudray, le ton décent de ses manières, son langage toujours mesuré, démentent les méchants propos que l'on tient sur son compte, et vous seriez fort embarrassé de prouver tout ce qu'on avance sur elle, vous qui avouez que vous la calomniez.

— Eh! monsieur le comte, reprit Léon, connaissez-vous de nos jours une réputation qui ne se fasse pas ainsi sur parole? Il faut qu'on parle des gens, qu'on en parle en bien ou en mal, peu importe. Mieux vaut la médisance que l'oubli. Vous vous rappelez ce que disait l'autre jour chez madame d'Aulnay un académicien autrefois célèbre : — Ah! Madame, il y a une terrible conspiration contre moi, disait-il. — Laquelle? — Celle du silence.

— En effet, monsieur le comte, le pauvre homme en était arrivé à ne pouvoir même plus faire dire du mal de lui. Heureusement il n'en est pas de même de Fernande.

— Mais enfin, Monsieur, qu'en dit-on? demanda M. de Montgiroux avec une impatience qu'il ne pouvait plus contenir.

— Eh! mon Dieu! ce qu'on dit de certains hommes politiques qui n'en sont pas moins considérés pour cela, — qu'ils sont à tout venant pourvu qu'il en résulte de l'argent et de l'éclat. — Une loge à l'Opéra est à Fernande, ce que la croix de la Légion-d'Honneur est à un député. Les ministères changent, les amants se succèdent : chez l'une et chez l'autre, c'est toujours le même sourire, la même complaisance, la même souplesse, le même dévouement, et surtout la même conviction; la seule différence, c'est que les courtisanes ont l'opinion contre elles, et que les courtisans l'ont pour eux.

Léon de Vaux avait mal calculé le coup

qu'il portait; en s'élançant dans le domaine politique, il rentrait sur les terres de M. de Montgiroux, et le vieil homme d'état était tellement cuirassé par l'indifférence ou par l'habitude, que l'attaque, toute directe qu'elle était, ne le fit même pas sourciller. Il en revint donc au seul sentiment qui avait encore le pouvoir de faire battre son cœur : à l'amour, ou plutôt à l'amour-propre.

— Mais enfin, dit-il, puisque vous connaissez beaucoup madame Ducoudray, et puisque vous ne reniez pas cette connaissance...

— La renier! reprit Léon; au contraire, j'en tire vanité.

— Vous pourriez me dire...

— Le nombre de ses adorateurs? parfaitement.

— Diable! tu prends là une tâche difficile, dit Fabien qui, ainsi qu'on l'a remarqué, ne parlait qu'à de longs intervalles.

— Pourquoi pas? tu sais que j'étais très fort en algèbre, et en procédant du connu à l'inconnu, on y arrivera.

— J'espère que vous vous mettrez en tête de la liste, monsieur de Vaux, dit le pair de France avec amertume.

— Non, monsieur le comte, non, car je ne compterai que les amants favorisés, et je ne suis pas encore au nombre de ceux-ci; en tête de la liste, j'inscrirai non pas mon nom, mais le nom de Maurice.

— Faites-y attention : depuis un mois qu'elle a rompu avec mon neveu, il se pourrait bien que quelque autre lui eût succédé.

— Je vous ai dit que j'allais procéder du connu à l'inconnu ; attendez donc.

— C'est juste, dit Fabien ; attendons.

— A Maurice, continua Léon, a succédé un personnage mystérieux et invisible qui se cache et se trahit tout à la fois. Voyons, qui cela peut-il être ? L'heure dont il peut disposer est d'une heure à deux, et pendant cette heure la porte de Fernande est impitoyablement fermée à tout le monde. Sa voiture, qu'on voit cependant au fond de la cour, est attelée de deux alezans brûlés ; sa loge à l'Opéra est une entre-colonne : il en a cédé un jour, le vendredi. Or, voyons maintenant parmi tes amis, Fabien, parmi vos connaissances, monsieur de Montgiroux, quel est l'homme auquel ses graves occupations ne laissent qu'une heure par jour, qui ait une entre-colonne à l'Opéra, et dont la voiture soit habituellement attelée de deux alezans.

— Mais celle de M. de Montgiroux, dit madame de Barthèle qui entrait au salon juste au moment où cette question était faite; M. de Montgiroux a deux alezans à sa voiture.

— Tout le monde a des chevaux alezans, répondit vivement le comte, c'est la couleur la plus commune. Mais, chère baronne, puisque vous voici, dites-nous comment va Maurice?

— Miracle, mon cher comte, miracle! s'écria madame de Barthèle rayonnante de joie; madame Ducoudray a été parfaite de bonté et de convenance; décidément c'est une femme adorable.

Un sourire passa sur les lèvres des deux

jeunes gens, et un nuage assombrit le front de M. de Montgiroux.

— Oui, Messieurs, adorable, c'est le mot, reprit madame de Barthèle en voyant le double effet qu'elle avait produit.

— Et qu'a-t-elle donc fait de si merveilleux ? reprit le pair de France d'un ton dans lequel, malgré sa puissance sur lui-même, perçait quelqu'amertume.

— Ce qu'elle a fait! s'écria madame de Barthèle, ce qu'elle a fait! D'abord, mon cher comte, permettez que je respire; on ne passe pas, comme je viens de le faire, de la plus extrême douleur à la joie la plus vive; car réjouissez-vous avec nous, mon cher comte, pourvu que madame Ducoudray reste seulement huit jours ici, le docteur répond de Maurice.

— Huit jours ici ! cette femme ! s'écria le comte.

— D'abord, mon cher comte, permettez-moi de vous dire que vous êtes bien sévère en appelant notre belle Fernande cette femme. Cette femme ferait envie à bien des grandes dames, je vous en réponds. Il est impossible d'avoir plus de sensibilité, plus d'élévation d'âme, plus de tact, plus d'esprit, plus de grâces que n'en a madame Ducoudray. Vous vous êtes tous abusés sur son compte, j'en suis certaine, ou ce que l'on vous a dit sur son compte est de la calomnie. Je ne suis pas tout-à-fait une bourgeoise, n'est-ce pas ? et j'ai la prétention de me connaître en bonnes manières. Eh bien ! appelez Fernande madame de... Chanvry ou madame de... Montlignon, au lieu de l'appeler madame Ducoudray; ce sera tout aussi bien une duchesse que la veuve d'un agent de change : car c'est la veuve d'un agent de change, d'un courtier de commerce, d'un homme d'argent, enfin, à ce que vous m'avez dit, n'est-ce pas?

— C'est-à-dire que nous avions dit cela d'abord pour sauver les convenances, répondit Fabien ; mais depuis vous avez appris la vérité, Fernande n'a jamais été mariée.

— En êtes-vous bien sûr ? demanda madame de Barthèle.

— Certainement ; d'ailleurs elle vous l'a dit elle-même, reprit Léon.

— Elle a peut-être des raisons pour dissimuler un mariage disproportionné, dit madame de Barthèle qui tenait à ses idées.

— Non, Madame; le seul nom que l'on connaisse à la personne dont nous parlons est Fernande.

— Elle en a cependant un autre; Fernande est un nom de baptême : quel est son nom de famille?

— Nous l'ignorons; du moins je parle pour Fabien et moi. Interrogez M. de Montgiroux, Madame, il est peut-être plus savant que nous.

— Moi! s'écria le comte, qui, n'ayant pas vu venir la botte, n'avait pas eu le temps de la parer; moi! Comment voulez-vous que je sache cela?

— Mais, dit Léon, comme on sait une chose que les autres ignorent; il n'y a jamais que la moitié d'un secret dans l'obscurité. Quand vous vous êtes trouvés face à face, Fernande et vous, vous avez eu l'air de vous connaître.

— Certainement; si c'est connaître cependant que de se rencontrer par hasard, aux Bouffes, au bois, là où tout le monde va..... Je connais madame Ducoudray de vue. Mais vous voyez bien, Messieurs, que vous détournez la baronne du sujet qui doit tous nous intéresser dans ce moment-ci, de Maurice. — Eh bien! chère baronne, comment cela s'est-il passé? reprit M. de Montgiroux, certain qu'en s'adressant au cœur de la mère la conversation allait changer à l'instant même.

— A merveille, cher comte. Madame Ducoudray d'abord était plus tremblante que nous. A la porte, il a fallu que nous la poussions pour la faire entrer, pauvre femme! L'effet qu'elle a produit sur Maurice, voyez-vous, a été l'effet magique. Et puis elle a chanté. Vous qui êtes un mélomane, mon cher comte, j'aurais voulu que vous entendissiez cela.

— Comment! elle a chanté? demanda M. de Montgiroux tout étonné.

— Oui, un air de *Roméo et Juliette* ; *Ombra adorata.* Il paraît que c'est un air qu'elle chantait à Maurice quand Maurice lui faisait la cour; car, en entendant cet air, le pauvre enfant revenait à l'existence, comme si les sons admirables qui sortaient de la bouche de cette sirène lui redonnaient la vie. Ah! mon cher comte, je vous déclare que je conçois qu'un jeune homme soit amoureux fou d'une pareille femme.

— Et même un vieillard, dit Léon de Vaux, qui avait juré de ne pas laisser passer une occasion de boutonner le pair de France.

— Mais dans tout cela, je vous l'avoue, continua madame de Barthèle, ce qui m'étonne et ce que je ne comprends pas, ce que je ne comprendrai jamais, ce sont les rigueurs de cette femme pour Maurice. Deux organisations si bien faites pour s'entendre ! c'est incroyable.

— Mais, demanda vivement le pair de France, Maurice a donc dit que Fernande lui avait résisté ?

— Eh bien ? mais si elle ne lui avait pas résisté, il me semble qu'il ne serait pas malade de désespoir.

— Pardon, Madame, reprit Léon de Vaux ; mais il se pourrait qu'une rupture, au contraire, eût produit l'effet que nous déplorions.

— Une rupture ! et pourquoi aurait-elle rompu avec mon fils ? où aurait-elle trouvé mieux que lui, je vous le demande ?

— Vous avez raison, Madame ; mais toutes les liaisons ne se font pas selon le cœur ; il y en a qui sont dirigées par le calcul.

— Le calcul, fi donc !... Oh ! Monsieur, vous ne connaissez pas madame Ducoudray, si vous pensez que le calcul..... Tenez, moi, je ne l'ai vue que depuis une heure ; eh bien ! j'en répondrais comme de moi-même. Madame Ducoudray une femme intéressée ! jamais, Monsieur, jamais !

— Enfin, ce qu'il y a de certain, madame la baronne, reprit Léon de Vaux, c'est que Maurice a été cruellement repoussé, et repoussé au moment où commençait une intimité nouvelle. Maintenant, les probabilités sont que son sucesseur aura exigé cette rupture.

— Et quel est ce successeur tout-puissant? demanda madame de Barthèle.

— Ah! dame! qui sait cela? reprit Léon. — Le sais-tu, Fabien? — Le savez-vous, monsieur le comte?

— Comment voulez-vous que je sache de pareilles choses, Monsieur?

— En tout cas, si les choses se sont passées comme vous le dites, cela prouve de la conscience de sa part. Bien des femmes de la classe à laquelle vous prétendez qu'elle appartient auraient promis et n'auraient pas tenu.

— Oui, oui, dit Léon, cela se fait quelquefois en amour, et même en politique, n'est-ce pas, monsieur le comte?

— Laissons continuer madame de Barthèle, répondit le pair de France.

— Eh bien! quand elle a eu chanté, et d'une façon adorable, je dois le dire, elle s'est approchée du lit. Alors mon fils, ravi de la revoir et d'apprendre qu'elle consent à rester ici....

— Comment! sérieusement elle reste? demanda le comte de Montgiroux avec inquiétude.

— Oui, Monsieur; si sérieusement, que nous l'avons conduite à son appartement.

— Quoi! Madame, elle restera ici? dans cette maison?

— Et où voulez-vous qu'elle aille? à l'auberge?

— Sous le même toit que Maurice?

— Puisque c'est elle qui doit le guérir.

— Le guérir, le guérir ! s'écria le pair de France.

— Oui, Monsieur, le guérir. Je n'ai qu'un fils et j'y tiens.

— Mais ma nièce, Madame ? mais Clotilde ?

— Clotilde n'a qu'un mari, et elle doit y tenir.

— Mais, Madame, songez donc au monde ; le monde, que dira-t-il ?

— Le monde dira ce qu'il voudra, Monsieur. Ce n'est pas du monde que mon fils est amoureux ; ce n'est pas le monde qui lui chantera l'air : *Ombra adorata*. Le docteur n'a pas mis dans son ordonnance qu'on lui amènerait le monde.

Sans doute la discussion allait devenir plus vive entre le comte et madame de Barthèle, lorsque le bruit d'une voiture se fit entendre, et avant qu'on eût eu le temps de regarder qui arrivait et de donner des ordres pour ne pas recevoir, un valet ouvrit la porte et annonça madame de Neuilly.

Ce nom, qui semblait répondre aux craintes de M. de Montgiroux à l'instant même où il les exprimait, fit pâlir madame de Barthèle. Le comte lui-même parut on ne peut plus contrarié; mais madame de Neuilly était une parente, et il était trop tard maintenant pour ne pas la recevoir.

XI

Madame de Neuilly était une femme de vingt-quatre à ving-cinq ans, qui en paraissait trente : grande, maigre, blonde, couperosée, plus disgracieuse encore au moral qu'au physique; c'était une de ces créatures pour lesquelles on se sent une répulsion instinctive, que cependant on rencontre partout et dont on ne peut pas se débarrasser, une fois qu'on les a rencontrées. Déshéritée de tous les charmes de la jeunesse et de toutes les grâces de la femme, l'envie était le mobile constant de ses actions, le trait saillant de ses discours; elle aimait le luxe et la représentation; mais, quoique tenant aux plus grandes familles, sa fortune, plus que médiocre, ne lui permettait pas de se satisfaire à cet égard. Au reste, toujours hostile, mais toujours hors de l'atteinte des coups elle-même, elle se réfugiait dans l'impunité par l'observance la plus rigoureuse des usages du monde. N'ayant jamais été exposée à succomber à une séduction, elle était sans pitié pour quiconque osait braver les préjugés ou franchir les barrières établies dans l'intérêt des digues sociales. Affichant le plus grand mépris pour la richesse et la beauté, les deux choses qu'elle jalousait le plus au monde, il fallait avant tout que l'on fût d'une de ces noblesses reconnues par d'Hozier ou par Chérin, pour qu'elle daignât vous croire digne de sa fatale intimité. Au reste, l'instinct guidait admirablement madame de Neuilly, et lui faisait, avec un rare bonheur, mettre le doigt sur toutes les plaies. C'était, enfin, une de ces créatures dont on sent toujours le contact par une douleur.

Son arrivée à Fontenay, dans les circonstances où se trouvait la famille de madame de Barthèle, devenait une espèce de calamité. Il n'en fallait pas moins faire bonne contenance et ne laisser rien percer de l'embarras de la situation. Mais, quelle que fût l'expérience de la douairière dans l'art un peu menteur de recevoir son monde, et quoiqu'elle s'avançât de son air le plus riant au-devant de la visiteuse, celle-ci, du premier coup-d'œil, aperçut sur son visage une contrariété mal déguisée ; car, toujours en garde contre chacun pour n'être jamais surprise en défaut d'observation, elle devinait avec une rare perspicacité les plus secrètes pensées, et entre deux suppositions vraisemblables c'était toujours à la seule vraie qu'elle avait le secret tout particulier de s'arrêter.

— Ah! chère cousine, dit-elle après avoir embrassé madame de Barthèle, j'arrive dans un mauvais moment, je le vois. Ma présence vous contrarie, j'en suis certaine. Je venais vous demander à déjeuner ; mais, je vous en supplie, si je suis de trop, chassez-moi.

— Vous n'êtes jamais de trop, et surtout ici, vous le savez bien, chère belle, répondit la baronne. Ne changez donc rien à vos projets, et restez-nous, je vous en prie.

En entrant dans le salon, madame de Neuilly, du premier coup-d'œil, avait embrassé tous ceux qui s'y trouvaient, et le motif qui l'excitait le plus à rester fut celui qu'elle fit valoir pour feindre de vouloir partir.

— Si fait, dit-elle, si fait, je repars. Vous avez MM. de Rieulle et de Vaux. Je vous croyais seule, moi, d'après tout ce qu'on raconte à Paris sur vous.

— Oh! mon Dieu! chère amie, demanda vivement madame de Barthèle, et que raconte-t-on? dites-moi vite cela.

La manière dont madame de Barthèle fit cette question eût suffi pour faire comprendre à madame de Neuilly qu'il se passait effectivement quelque chose d'extraordinaire à Fontenay. Aussi, décidée à approfondir une situation qui se présentait à elle avec tout l'attrait du mystère :

— Et M. de Montgiroux, dit-elle, qui ne me voit pas, tant il est préoccupé ; décidément, baronne, j'arrive mal à propos...

Et en prononçant ces mots, elle salua d'un signe de tête les trois hommes qui formaient un groupe, et se laissa tomber sur un fauteuil comme exténuée de fatigue. Le comte s'excusa d'un ton grave, les deux jeunes gens firent un salut raide et empesé, mais rien n'intimida madame de Neuilly ; elle avait une de ces assurances imperturbables, qui d'ordinaire proviennent d'une grande supériorité ou d'une grande bêtise, et qui chez elle, par exception, était un effet naturel dont il était difficile d'expliquer la cause.

— Eh bien! chère amie, ne me raconterez-vous point ce que l'on dit de nous à Paris? demanda madame de Barthèle pour la seconde fois.

— Mais on dit que Maurice est très malade, en danger même. Hier on assurait qu'il ne passerait pas la journée; aussi, je suis accourue, chère cousine, pour vous offrir les consolations d'une sincère amitié. Heureusement, votre tranquillité me rassure. Et quelle est donc cette maladie, grand Dieu?

L'espèce de grimace sentimentale dont madame de Neuilly accompagna cette exclamation allait si peu à l'air de son visage, qu'un sourire involontaire passa sur les lèvres des jeunes gens, et que le pair de France, malgré sa gravité, ne put réprimer un geste d'impatience. D'ailleurs un souvenir donnait encore à cette pantomime un caractère plus comique : les deux jeunes gens ni le comte n'ignoraient pas que la gracieuse personne qu'ils avaient sous les yeux s'était autrefois laissée prendre pour Maurice d'une violente passion, et qu'elle avait tout tenté pour devenir sa femme. C'était à la suite de l'échec qu'elle avait éprouvé en cette occasion que mademoiselle de Morcerf, c'était le nom de famille de madame de Neuilly, s'était décidée à épouser un vieillard sexagénaire que tout le monde croyait fort riche, et dont, à force de soins et d'attentions, elle était parvenue à abréger la vie. Malheureusement, comme si la pauvre femme devait subir tous les désappointements, elle trouva que cette succession, dont elle attendait une grande fortune, se composait d'un domaine substitué à un neveu et de rentes viagères.

—Est-ce véritablement une fièvre cérébrale qu'à ce pauvre Maurice? En ce cas, votre médecin est un âne s'il ne s'en est pas rendu maître aussitôt. Quel est votre médecin? comment l'appelez-vous? D'abord, vous savez que je m'entends très bien en médecine; c'est moi qui ai soigné pendant deux ans M. de Neuilly, qui croyait avoir toutes les maladies, parce qu'il avait, comme vous le savez, placé une partie de son bien en rentes viagères; ce n'était pas l'intérêt qui m'avait fait faire ce mariage, non : le désir de porter un beau nom. Vous savez, Messieurs, qu'il était des vieux Neuilly, des sires de Neuilly qui ont été aux croisades. Puis j'étais dominée par ce besoin de dévouement qui est dans le cœur de la femme et qui fait que nous nous sacrifions toujours à quelqu'un ou à quelque chose, à un homme ou à une idée. — Allons, chère cousine, continua madame de Neuilly, conduisez-moi près de Maurice, et je vous dirai tout de suite ce qu'il a, moi.

— Vous êtes trop bonne, chère Cornélie, répondit madame de Barthèle, et je vous remercie du vif intérêt que vous prenez à Maurice; c'est-à-dire à ce qui me touche le plus au monde; mais notre pauvre malade sommeille en ce moment, et le docteur nous a renvoyés tous.

— S'il dort, c'est déjà bon signe, dit madame de Neuilly, et, dans les maladies inflammatoires, le sommeil est un symptôme de convalescence. Oh! j'en suis véritablement charmée, j'aurai cette bonne nouvelle à donner ce soir chez la marquise de Montfort. On signe, comme vous le savez ou comme vous ne le savez pas, le contrat de mariage de son petit-fils Tristan avec mademoiselle Henriette Figères, cette fille si riche, vous savez, qui est censé nous arriver des colonies et qui arrive d'Angleterre, où sa mère a fait une fortune colossale, on ne sait comment, ou plutôt on sait trop comment. C'est un véritable scandale, un Montfort épouser la fille d'une danseuse, ou l'équivalent! qu'elle honte pour tout le faubourg! Mais, que voulez-vous? noblesse a obligé si longtemps qu'elle n'oblige plus; on verra, on verra où nous conduiront tous ces tripotages d'argent. Pauvre France ! A quelque révolution nouvelle ! C'était bien, au reste, l'avis de M. de Neuilly, et c'était dans cette crainte qu'il avait placé tout son bien en viager.

Et, dans l'amertume du souvenir qui se présentait à la pensée de madame de Neuilly, un soupir étouffé termina sa phrase.

On ne pouvait plus éviter cette visite inquisitoriale, il fallait donc la subir. Madame de Barthèle et le comte de Montgiroux échangèrent en conséquence un regard et se résignèrent à tous les inconvénients qui pouvaient résulter de la présence de la fausse madame Ducoudray, dans l'obligation où l'on allait se trouver de faire asseoir à la même table ces deux femmes de caractère et de position si opposés; mais le comte, que sa jalousie tenait toujours, se dépitait intérieurement de trouver un nouvel obstacle à l'explication qu'il voulait avoir avec Fernande; pour madame de Barthèle, elle cherchait dans son esprit un moyen de sortir d'embarras et d'obvier à l'effet que, d'un moment à l'autre, l'apparition de la courtisane devait produire; de sorte que, sous leur sourire de bienvenue, madame de Neuilly n'eut point de peine à démêler une certaine contrainte. Elle n'en demeura que plus fermement dans l'intention où elle était de rester.

En effet, pour madame de Barthèle surtout, la position était des plus embarrassantes. Fallait-il mettre madame de Neuilly dans la confidence? fallait-il la laisser dans l'erreur, et feindre d'ignorer ce qu'était réellement la femme que les amis de Maurice avaient amenée à Fontenay, laissant ainsi peser sur les deux jeunes gens tout le poids du méfait? Si elle parlait, la prude visiteuse allait jeter les hauts cris; si elle gardait le silence, madame de Neuilly ne pouvait-elle pas découvrir le fatal secret? Elle, si répandue, si remuante, si curieuse, si au courant de toutes les intrigues, de tout ce qu'on peut savoir, de tout ce qu'on doit ignorer, ne pouvait-elle pas avoir rencontré Fernande au spectacle, au bois, aux courses, quelque part enfin, et avoir demandé ce qu'était Fernande, la connaître par conséquent de vue? et la reconnaître chez madame de Barthèle, c'était dès le même jour un scandale pour tout Paris.

Mais avant que madame de Barthèle eût

trouvé un moyen de concilier les scrupules de la femme du monde avec le besoin qu'on avait de la femme perdue, Clotilde entra.

— Madame, dit-elle en s'adressant à la baronne, le déjeuner est servi, et je viens de faire prévenir madame Ducoudray.

En ce moment Clotilde aperçut madame de Neuilly et s'arrêta court... Elle avait tout compris; il y eut un moment de silence.

On devine à quel point la curiosité de madame de Neuilly fut excitée par cette annonce suivie de cette réticence. Elle promena d'abord sur tous les acteurs muets de cette scène pénible un regard doué de cette puissance d'investigation qui lui était naturelle; puis, sans même adresser à sa jeune cousine ces protestations hypocrites d'amitié par lesquelles les femmes ont l'habitude de s'aborder, elle s'écria :

— Madame Ducoudray ! qu'est-ce que cela, baronne, Madame Ducoudray ? j'avais bien remarqué en arrivant une calèche fort élégante avec deux beaux chevaux gris pommelés. Est-ce que cet équipage est à madame Ducoudray ? J'avais d'abord cru que c'était à l'un ou à l'autre de ces deux Messieurs, quoique je me fusse dit que, dans ce cas, cette voiture porterait un chiffre ou des armes. Madame Ducoudray ! c'est singulier, je ne connais pas ce nom-là ; si c'est sa voiture qui est dans la cour, elle a cependant un train, cette dame !

Puis, songeant que ces questions avant

d'avoir salué Clotilde étaient quelque peu déplacées :

— Bonjour, Clotilde, dit-elle en se tournant du côté de la jeune femme ; je viens pour voir notre pauvre Maurice. Est-ce que madame Ducoudray serait près de lui, par hasard ?

Ces paroles avaient été dites avec une telle volubilité, que ni le comte, ni madame de Barthèle, ni Clotilde, ni les deux jeunes gens, ne purent placer un seul mot. Ce fut donc Clotilde qui, interrogée la dernière, répondit d'abord :

— Non, Madame, dit-elle ; madame Ducoudray n'est point près de Maurice, mais dans l'appartement qu'elle doit habiter.

— Qu'elle doit habiter ! s'écria de nouveau madame de Neuilly ; mais c'est donc un commensal, que cette madame Ducoudray? ou bien a-t-elle loué une partie de votre villa? En tout cas, vous me la présenterez, je l'espère ; du moment où vous la traitez en amie, je veux faire connaissance avec elle, si toutefois elle est de naissance... mais je pense bien, chère cousine, que vous ne recevriez pas quelqu'un que vous ne devez pas recevoir.

— Madame, se hâta de dire Fabien, qui comprenait l'embarras de madame de Barthèle et les tortures de Clotilde, madame Ducoudray a été amenée ici par M. de Vaux et par moi dans l'intérêt de la santé de Maurice.

— Dans l'intérêt de la santé de Maurice? dit madame de Neuilly, tandis que Fabien rassurait par un coup-d'œil madame de Barthèle et Clotilde, inquiètes de la tournure que prenait la conversation ; est-ce que madame Ducoudray est la femme de quelque homéopathe ? on assure que les femmes de ces messieurs exercent la médecine de compte à demi avec leurs maris.

— Non, Madame, dit Fabien ; madame Ducoudray est tout bonnement une somnambule.

— Vrai ? s'écria madame de Neuilly enchantée. Oh ! comme c'est heureux ; j'ai toujours eu le plus grand désir d'être mise en rapport avec une somnambule. M. de Neuilly, qui avait beaucoup connu le fameux M. de Puységur, pratiquait quelque peu de magnétisme, et prétendait toujours que j'avais beaucoup de fluide. Mais dites-moi donc, il faut que ce soit une somnambule fort à la mode, pour avoir des chevaux et une voiture comme celle que j'ai

vus : est-ce que ce serait la fameuse mademoiselle Pigeaire, qui aurait épousé....
Faites-y attention, baronne, dans les maladies inflammatoires les nerfs jouent un grand rôle, et le magnétisme excite effroyablement les nerfs. Je vous demande donc pour votre sécurité à vous, ma chère baronne, encore plus que pour ma curiosité à moi, à être là quand on opérera sur Maurice.

Stupéfaits de la manière brusque avec laquelle un nouveau mensonge venait, en s'établissant avec l'apparence de la vérité, de compliquer encore la situation, tous les personnages de cette scène restaient muets en s'entre-regardant, lorsque Fabien, qui tirait parti de tout, s'adressant à Clotilde :

— Madame, dit-il, voulez-vous bien me

conduire près de la somnambule? C'est une personne fort susceptible, comme toutes les personnes nerveuses, et je craindrais que si elle n'était pas prévenue d'avance de l'honneur que lui ménage madame de Neuilly, elle ne le reçût pas comme elle doit le recevoir.

Madame de Barthèle respira, car elle comprit le projet du jeune homme.

— Oui, oui, Clotilde, dit-elle, prenez le bras de M. de Rieulle, et conduisez-le près de notre aimable hôtesse ; j'espère que, par son influence, il la décidera à descendre déjeuner avec nous, quoiqu'il y ait un convive de plus. Allez, Clotilde, allez.

Clotilde prit en tremblant le bras de Fabien ; mais, comme ils s'avançaient vers la porte du salon, cette porte s'ouvrit, et Fernande parut.

En l'apercevant, madame de Neuilly poussa un cri d'étonnement, et ce cri retentit dans le cœur de tous les assistants pour y causer cette crainte vague qui accompagne la première phase d'un événement nouveau et inattendu.

XII

A la terreur qu'avait causée le cri de madame de Neuilly succéda bientôt la plus grande surprise lorsqu'on vit le hautain champion des traditions aristocratiques, les bras ouverts et le visage riant, s'avancer au-devant de Fernande, et qu'on l'entendit s'écrier :

— Comment! c'est toi, chère amie!

Eh ! mon Dieu ! est-ce bien toi que je retrouve ?

Aussi les spectateurs, muets d'étonnement, n'osèrent-ils interrompre les manifestations de tendresse que prodiguait à Fernande une des femmes les plus orgueilleuses du faubourg Saint-Germain ; et, témoin inquiet de la reconnaissance, chacun dut attendre une explication sans oser la demander.

Quant à Fernande, comme si aucune émotion nouvelle ne pouvait trouver place en son âme, après les émotions terribles qu'elle venait d'éprouver, elle se laissa embrasser sans témoigner d'autre impression que celle d'une agréable surprise. C'était juste ce que les lois du savoir-vivre et de la politesse exigeaient. Cependant Fabien, qui était le plus rapproché d'elle, crut s'apercevoir qu'elle pâlissait légèrement.

— Mon Dieu ! que je suis heureuse, continua la noble veuve, de te revoir ainsi, après cinq années de séparation, encore plus jeune et plus belle, je crois, que le jour où nous nous quittâmes ! — Qu'es-tu devenue, ma pauvre Fernande ? Moi, j'ai été mariée et je suis veuve. J'avais épousé M. de Neuilly, un vieillard ; ce n'était pas une spéculation, Dieu merci ! car tout son bien était placé en rentes viagères ; mais tu sais comme je suis bonne, j'ai vu un dévouement à accomplir, et je l'ai réclamé. Au reste, homme de bonne maison, et, comme je le disais encore tout à l'heure, un vrai de Neuilly, preuves en main : podagre, goutteux, avare, j'en conviens, mais trente-deux quartiers, et d'Harcourt par les femmes.

Tout en énumérant les griefs et les avantages de sa position, la prude examinait avec empressement, et avec un regard d'envie encore plus que de curiosité, la beauté gracieuse, l'air de distinction et l'élégance de son ancienne amie ; puis s'adressant à madame de Barthèle :

— Pardon, chère cousine, continua-t-elle, mais je ne puis vous exprimer la joie que je ressens à voir aujourd'hui une de mes plus chères compagnes de Saint-Denis.

— De Saint-Denis ? répétèrent avec surprise tous les personnages présents à cette scène.

— Oui, oui, de Saint-Denis ; vous l'ignoriez, je le vois, poursuivit madame de

Neuilly. Eh bien ! sachez que nous avons été élevées ensemble, toujours dans les mêmes classes ; que Fernande et moi, nous ne nous quittions pas. C'est la fille d'un brave général mort sur le champ de bataille pendant la campagne de 1823, devant Cadix, sous les yeux de monseigneur le duc d'Angoulême, qui lui promit de veiller sur son enfant, sur sa fille unique. Là-bas, nous savions toute cette histoire que vous paraissez tous ignorer ici. Permettez donc que ce soit moi qui vous présente mademoiselle de...

— Arrêtez ! Madame, s'écria Fernande. Au nom du ciel, ne prononcez pas le nom de mon père.

Il y avait un tel accent de prière dans ces paroles échappées au cœur de la jeune femme, que madame de Neuilly s'arrêta.

Jusque-là Fernande, comme on l'a vu, avait gardé le silence. Son maintien annonçait même plus de résignation que d'embarras, plus de honte que de crainte; ses yeux baissés avaient évité tous les regards, et sa dignité naturelle semblait s'accroître à mesure que cette singulière rencontre amenait la révélation d'un secret qui tournait à son avantage. Mais au moment où le nom de son père avait été sur le point d'être prononcé, par un geste aussi rapide que la pensée, par un cri presque involontaire, par un mouvement de profond effroi, elle avait suspendu ce nom aux lèvres de madame de Neuilly, qui effectivement, à la prière de Fernande, s'était arrêtée.

— Eh! pourquoi cela, ma chère, dit la veuve, et quel motif vous force à garder l'incognito comme une reine en voyage ? Mais c'est un fort beau nom que le vôtre, et je dirai comme ce roi de Macédoine : Si je ne me nommais Alexandre, je voudrais me nommer...

— Madame, dit Fernande, je vous ai suppliée et je vous supplie encore de vous arrêter; vous ne pouvez savoir quels motifs puissants me font désirer que mon nom de jeune fille reste inconnu.

— Vous avez raison, dit madame de Neuilly; je ne puis pas deviner une pareille fantaisie, et je ne comprendrai jamais que la fille du marquis de Mormant.....

Fernande jeta un cri de douleur profonde. La honte passa sur son visage comme le reflet d'une flammé ardente; puis la pâleur lui succéda, des larmes mouillèrent ses paupières et ruisselèrent sur ses joues; des sanglots gonflèrent sa poitrine et s'échappèrent en gémissements étouffés. Enfin, avec cette douleur de l'âme plus forte que l'usage du monde, elle courba la tête, et, ouvrant ses bras comme pour indiquer la résignation devant l'impuissance de sa volonté, elle répondit :

— Vous m'avez fait bien du mal, Madame. J'aurais désiré que le nom de mon père ne fût pas prononcé.

— Mais alors il fallait me dire pour quel motif tu désirais que je gardasse le silence.

— C'est que nous ne sommes plus aux jours de notre enfance, Madame, répondit

Fernande avec un accès de mélancolie profonde ; c'est que nous ne sommes plus dans cette maison de paix et d'amitié où la pauvre orpheline fut si heureuse.

— Je crois bien que tu étais heureuse ; tu étais la plus savante, la plus fêtée et la plus belle de nous toutes.

— Funestes avantages ! dit Fernande en relevant la tête et en fixant un regard sévère et triste sur les trois hommes qui, en proie au plus profond étonnement, assistaient à cette étrange scène sans dire un seul mot.

— Aussi nous te prédisions un beau mariage, continua la noble veuve, et je vois que notre prédiction s'est accomplie. Une voiture élégante, car c'est à toi sans doute la voiture que j'avais remarquée en entrant dant la cour, de beaux chevaux de luxe, un train de maison ; mais il est donc riche, ce M. Duponderay, Dufonderay. Comment appelles-tu ton mari?

— Ducoudray, dit tristement Fernande, en femme qui se résigne à mentir.

— Ducoudray, répéta madame de Neuilly. Ah çà ! j'espère qu'il n'a rien de substitué dans sa fortune, lui; pas de rentes viagères? Ah! c'est que c'est affreux, vois-tu, chère amie, surtout quand on a pris des habitudes de luxe ; un malheur arrive, et puis plus d'hôtel, plus de voiture, plus de chevaux. Mais ce que je ne comprends point, pardon de revenir encore là-dessus, c'est de ne point se parer du nom de son père quand il est beau ; il y a donc des raisons? Ah! j'y suis, pauvre petite, tu as fait un mariage d'argent? Encore une victime! ton mari est un enrichi, un homme de banque? Ah! malheureuse! je comprends tout maintenant.

Puis, à l'indécision des physionomies, voyant qu'elle n'avait pas encore rencontré juste, elle reprit :

— Ce n'est pas cela, non. Ah! maintenant je devine; c'est à cause du somnambulisme. M. Ducoudray est comme M. de Puységur, un magnétiseur. Eh bien! je préfère le magnétisme à la banque. Et il te force à le seconder dans son charlatanisme? Ah! véritablement les hommes sont infâmes! Il te fait lire les yeux bandés comme mademoiselle Pigeaire? il te fait voir l'heure aux montres des autres? Dans quel temps vivons-nous, mon Dieu! M. de Neuilly avait placé tout son bien en viager, c'est vrai, mais il n'aurait pas forcé mademoiselle de Pommereuse, une fille d'ancienne noblesse, à devenir somnambule, à voir ce qui se passe dans l'intérieur du corps humain, à guérir des malades ; c'est une indignité, et il y a là matière à séparation. Il faut plaider, ma petite. Tiens, je me connais en procès, moi ; j'en ai soutenu un de trois ans contre les héritiers de M. de Neuilly. Je t'aiderai de mes conseils, je te soutiendrai de mon crédit ; puis, lorsque nous aurons envoyé cet abominable M. Ducoudray magnétiser tout seul, je te réhabiliterai dans le monde, je te présenterai comme la fille du marquis de Mormant ; et sois tranquille, sous mon patronage toutes les portes se rouvriront devant toi. N'est-ce pas, monsieur de Montgiroux ? n'est ce pas, monsieur de Rieulle ?... n'est-ce pas, monsieur... Mais qu'avez-vous donc tous ?

qu'est-ce que signifient ces visages consternés? Y a-t-il donc encore autre chose?

En effet, on doit comprendre quelle inquiétude agitait tous les membres du conciliabule devant ce nouveau flux de paroles. D'abord Fernande était restée stupéfaite devant la nouvelle position que lui assignait son ancienne amie. Elle avait jeté les yeux sur madame de Barthèle, et elle avait vu celle-ci les mains jointes et dans la posture d'une suppliante. Alors elle avait compris qu'on avait eu recours à quelque nouveau subterfuge pour colorer vis-à-vis de madame de Neuilly son introduction dans la famille; elle eut alors pitié de la duplicité à laquelle parfois sont forcés de s'abaisser les gens du monde; elle étouffa un soupir, et le souvenir de Maurice lui rendant son courage prêt à l'abandonner :

— On ignorait le nom de mon père, dit-elle, c'est un secret qu'il était de mon devoir de garder ; vous l'avez divulgué, Madame, je ne vous en veux pas, et croyez bien que, dans le bonheur que j'éprouve à vous revoir, je vous pardonne tout le mal que vous m'avez fait.

— Ah ! dit madame de Neuilly blessée de la réponse de Fernande, ce n'est pas ce froid accueil, ce n'est pas cette réserve dédaigneuse que j'avais droit d'attendre d'une amie de dix ans.

— Il n'y a ni froideur, ni dédain dans ma conduite, Madame, croyez-le bien, reprit Fernande d'un ton humble et doux, et madame de Barthèle que voici, et à qui vous pouvez vous fier, je l'espère, sous le rapport des convenances, vous dira que je ne puis ni ne dois me comporter vis-à-vis de vous autrement que je le fais.

— Je dirai ma chère Fernande, s'écria la baronne emportée par la reconnaissance qu'elle éprouvait par la conduite digne et dévouée de la jeune femme, je dirai que vous êtes une des plus nobles et des plus charmantes créatures que j'ai jamais vues; voilà ce que je dirai.

— Mais en ce cas, reprit madame de Neuilly, pourquoi ne pas me dire tout de suite, comme je l'ai fait moi-même : Voilà qui je suis, voilà ce que j'ai fait!

En ce moment, heureusement pour Fernande qui, attaquée directement et poussée à bout, ne savait plus que répondre, la cloche du déjeuner retentit. Madame de Barthèle saisit avec empressement cette occasion de rompre l'entretien.

— Vous entendez, Mesdames ? dit-elle, on sonne le déjeuner; à plus tard les confidences, vous aurez toute la journée pour cela.

Puis, comme en ce moment le valet entrait annonçant qu'on était servi :

— Monsieur de Vaux, dit-elle, conduisez madame Ducoudray ; monsieur de Montgiroux, donnez le bras à madame de Neuilly.

Quant à Fabien, il s'était déjà emparé du bras de Clotilde.

On passa dans la salle à manger.

Comme il y avait quatre femmes et trois hommes, deux femmes devaient être placées à côté l'une de l'autre. Madame de Barthèle fit asseoir Fernande à sa droite.

M. de Montgiroux se plaça à sa gauche. De l'autre côté de Fernande s'assit Léon de Vaux, puis madame de Neuilly en face de la baronne, puis, à la droite de madame de Neuilly, Fabien de Rieulle, et enfin Clotilde, qui se trouva ainsi entre Fabien et M. de Montgiroux.

Le secret de la naissance de Fernande, que l'on venait d'apprendre grâce à l'indiscrétion de madame de Neuilly, préoccupait fort tout le monde, et surtout la baronne. Madame de Barthèle ne cessait de se féliciter intérieurement sur sa pénétration, qui lui avait fait reconnaître presque du premier coup-d'œil dans Fernande toutes les habitudes d'une femme de qualité; aussi se mit-elle à lui faire les honneurs de la table avec une politesse affectée. Madame de Neuilly devait s'y méprendre, et c'était là pour madame de Barthèle le point important.

— Ah! c'est une fille de noblesse, pensait madame de Barthèle; eh bien! il était impossible qu'il en fût autrement, et sans doute mon fils, en s'attachant comme il l'a fait à elle, ne l'ignorait pas; tout serait pour le mieux si madame de Neuilly n'était point là. Envieuse et méchante, cette femme a véritablement un mauvais génie qui la pousse partout où l'on ne voudrait pas la voir.

Ce secret n'avait pas, comme on le devine bien, produit une moindre impression sur M. de Montgiroux que sur la baronne : depuis deux heures, Fernande lui était apparue sous un jour si nouveau, qu'il voyait surgir en elle mille qualités qu'il n'y avait point encore découvertes;

il lui était démontré que Léon de Vaux soupirait inutilement ; il commençait à croire que Fabien n'avait jamais eu aucun droit sur elle ; enfin la douleur de Maurice lui faisait douter que Maurice eût jamais été son amant. Puis, notre orgueil nous souffle toujours à l'oreille que l'on fait pour nous plus que l'on n'a fait pour les autres. A la suite de cette douce caresse de son amour-propre, de cette séduisante flatterie de sa vanité, une idée incertaine, vague, indécise, se présentait à l'esprit de M. de Montgiroux, idée folle, idée à laquelle cependant il revenait sans cesse malgré lui, celle de s'attacher sa jolie maîtresse par des liens plus sacrés. Il avait sur ce point, et dans le cas où il voudrait les invoquer, bien des antécédents pour faire excuser son entraînement, même à la

Chambre haute. Toutes ces idées avaient quelque chose de doux à l'imagination blasée du pair de France, et dans son for intérieur, il se sentait rajeunir ; comme la lampe qui va s'éteindre, M. de Montgiroux était prêt à jeter une dernière lueur, à briller d'un dernier éclat.

Léon, de son côté, loin de renoncer désormais à ses espérances à l'égard de Fernande, n'avait fait que concevoir un désir plus vif d'atteindre au but qu'il poursuivait depuis trois mois; une nuance de sentiment venait en effet se mêler désormais à ses déisrs : le mystère dont Fernande s'était entourée devant tout le monde lui prouvait qu'elle tenait à ménager sa famille, et cette pudeur qu'un cœur délicat eût respectée lui devenait un moyen de triompher de sa résistance en l'effrayant, s'il ne pouvait y parvenir d'une manière plus digne.

Quant à Fabien, tout entier en apparence à son amour pour Clotilde, il semblait indifférent à tout ce qui n'était pas en rapport direct avec elle, et celle-ci, de son côté, sans se rendre compte du sentiment qu'elle éprouvait, écoutait Fabien avec un vague plaisir. On ne craignait plus pour les jours de Maurice, le cœur de la jeune femme s'ouvrait à l'espérance ou à un sentiment qui lui donnait le change, et c'était la voix de Fabien, c'étaient ses regards, c'étaient ses prévenances qui répondaient aux douces émotions qu'elle éprouvait, et même qui les causaient peut-être.

Madame de Neuilly, sous l'influence de la jalousie secrète qu'elle ressentait toujours pour quiconque l'emportait sur elle, soit en beauté, soit en fortune, soit en grâce, c'est-à-dire pour le plus grand nombre, cherchait à s'expliquer quel intérêt son ancienne compagne avait à cacher le nom de son père, et pourquoi elle avait témoigné une douleur si vive en voyant ce nom révélé; elle ne concevait pas bien comment une femme qui paraissait avoir le train et le luxe d'une grande fortune, comment une femme qui paraissait tenir un rang distingué dans le monde, et que d'ailleurs sa beauté, ses talents et son esprit rendaient si remarquable, se trouvait dans cette maison sans être connue, ou du moins comme une somnambule, près d'un jeune malade, entre la mère et la femme de ce jeune malade : tout cela lui semblait couvrir un secret, voiler une intrigue; elle avait donc résolu de ne pas quitter la maison sans être arrivée à pénétrer ce mystère.

Une grande force d'âme pouvait seule soutenir Fernande dans la position où elle était placée ; mais elle en était venue, en surmontant successivement les émotions différentes qu'elle avait éprouvées depuis le matin, à une telle puissance sur elle-même, que ni son regard, ni son maintien, ni l'accent de sa voix ne trahissaient le trouble qui l'agitait intérieurement. Blessée dans son orgueil le plus secret et le plus intime par la découverte de la haute position dont elle était déchue, mais soutenue par un sentiment plus fort que l'égoïsme, elle comprimait toutes ses impressions, et elle finissait en quelque sorte par éprouver la tranquillité, l'indifférence qu'elle affectait. Libre ainsi de ses affection personnelles, tout entières sacrifiées aux autres, son regard profond et investigateur planait sur tout le monde, et de temps en temps plongeait jusqu'au fond des cœurs qu'elle avait intérêt à connaître. Ainsi, rien ne lui échappait, ni l'adresse de Fabien, ni l'amour naissant de Clotilde, ni les nouveaux sentiments de Léon, ni la vieille jalousie de madame de Neuilly, ni les combats du comte, ni le bonheur maternel de madame de Barthèle ; elle attendait donc les événements non-seulement avec une grande liberté d'esprit, mais encore avec une grande supériorité de position : elle avait fait le sacrifice de sa personnalité, elle s'était dévouée.

Au milieu de ces préoccupations diverses, une conversation générale devenait difficile, et cependant chacun en sentait le besoin pour voiler ses propres sentiments; il en résulta qu'après un moment de silence et de contrainte, ceux qui étaient les plus intéressés à se ménager des *à parte* à voix basse, s'accrochèrent aux premiers mots qui furent dits et, avec un air d'insouciance plus ou moins bien jouée, poussèrent la conversation vers ces généralités auxquelles tout le monde peut prendre part; ce fut au reste madame de Neuilly qui donna l'essor à la pensée en lui donnant un point de départ.

—J'espère, ma chère Fernande, dit-elle, que ton temps n'est pas tellement pris par les séances magnétiques, qu'il ne te reste pas quelque loisir pour t'occuper de peinture; tu avais à Saint-Denis de si admirables dispositions, je me le rappelle, que notre maître de dessin disait toujours qu'il voudrait que tu perdisses ta fortune, pour que tu fusses forcée de te faire artiste.

— Comment! s'écria la baronne, Madame peint?

— Mais, oui, dit Léon, madame est tout bonnement de première force.

— Vraiment? dit Clotilde pour dire quelque chose.

— C'est-à-dire que, si Madame exposait, reprit Léon, elle ferait émeute au salon.

— Est-ce vrai ce que dit là M. de Vaux? demanda madame de Neuilly, et es-tu véritablement devenue une madame Le Brun?

— Si elle voyait ce que je fais, dit Fernande en souriant, madame Le Brun, je crois, mépriserait fort mes ouvrages.

— Pourquoi cela? demanda madame de Barthèle; j'ai connu madame Le Brun, et c'était une femme de beaucoup d'esprit.

— Justement, madame la baronne, dit Fernande, voilà ce qui fait que nous ne nous entendrions pas, à tort ou à raison; je déteste l'esprit dans l'art.

— Et qu'y cherchez-vous, Madame? demanda M. de Montgiroux.

— Le sentiment, monsieur le comte, voilà tout, répondit Fernande.

— Et quel est votre maître? reprit madame de Barthèle.

— La nature pour la forme, ma propre pensée pour l'expression.

— Ce qui veut dire que Madame appartient à l'école romantique, dit Fabien avec un sourire légèrement railleur.

—Je ne sais pas trop ce que l'on entend par les écoles classique et romantique, Monsieur, répondit Fernande; si le peu que je vaux méritait qu'on me classât parmi les adeptes d'une école quelconque, je dirais que j'appartiens à l'école idéaliste.

— Qu'est-ce que cette école? demanda madame de Neuilly.

— Celle des peintres qui ont précédé Raphaël.

—Oh! mon Dieu! que nous dis-tu donc là, chère Fernande? est-ce qu'avant Raphaël il y avait des peintres?

— Avez-vous visité l'Italie, Madame? reprit Fernande.

— Non, dit madame de Neuilly; mais Clotilde y a passé un an avec son mari, et, comme elle-même s'est occupée de peinture, elle pourra vous répondre à ce sujet.

— Voyons, dit tout bas Fabien à la jeune femme; voyons si elle aura l'audace de vous adresser la parole.

Mais au lieu de se retourner vers Clotilde, comme semblait le commander l'interpellation de madame de Neuilly, Fernande baissa les yeux et garda le silence. Ce n'était point là l'affaire de madame de Barthèle, qui, sentant la conversation tomber, essaya de la rattacher à une réponse de Clotilde.

— Vous avez entendu ce qu'a dit madame Ducoudray, ma chère enfant? dit la baronne. Connaissez-vous cette école dont elle parle?

— C'est celle des peintres chrétiens, dit timidement Clotilde, c'est l'école du Giotto, de Jean de Fiesole, de Benozzo Gozzoli et du Pérugin.

— Justement! s'écria Fernande emportée malgré elle par le plaisir de rencontrer une sœur de sa pensée.

— Oh! mon Dieu! dit madame de Neuilly, mais excepté le Pérugin, que je connais parce qu'il a été le maître de Raphaël, je n'ai jamais entendu parler de tous ces gens-là.

— La Genèse dit qu'avant d'être peuplée d'hommes, la terre était habitée par des anges, répondit Fernande. Vous avez peu entendu parler aussi de ces anges-là, n'est-ce pas, Madame? Eh bien! il en est ainsi de ceux que j'ai nommés et qui semblent des messagers divins envoyés du ciel sur la terre, pour montrer d'où l'art vient et de quelle hauteur il peut descendre.

Le comte de Montgiroux regardait Fernande avec étonnement ; elle se révélait sous un aspect inconnu ; elle n'avait jamais daigné être pour lui autre chose qu'une courtisane, et voilà qu'elle était une artiste pleine de pensée.

— Ma foi, ma chère amie, dit madame de Neuilly, tout cela devient beaucoup trop sublime pour moi. J'irai te voir, et tu me montreras tes chefs-d'œuvre.

— Eh bien ! tandis que vous y serez, cousine, reprit la baronne, dites-lui de vous chanter l'*Ombra adorata* de *Romeo*, qu'elle a chanté tout-à-l'heure à Maurice, et vous me direz si jamais madame Malibran ou madame Pasta vous ont fait plus grand plaisir.

— Ah çà, mais tu es donc devenue une

véritable merveille, depuis que nous nous sommes quittées?

Fernande sourit tristement.

— J'ai beaucoup souffert, dit-elle.

— Eh! quel rapport cela a-t-il avec la peinture et la musique?

— Oh! dit Clotilde, je comprends, moi.

Fernande lui jeta un regard d'humble remerciement.

— Alors, dit madame de Neuilly, en musique comme en peinture, tu as des systèmes.

— Il est impossible d'être quelque peu artiste, répondit Fernande, sans avoir ses préférences et ses antipathies.

— Ce qui signifie...

— Que j'ai les mêmes idées en musique qu'en peinture; c'est-à-dire que je préfère la musique de sentiment à la musique d'exécution, celle qui contient des pensées à celle qui ne renferme que des sons. Cela ne m'empêche pas d'être juste, je le crois, envers les grands maîtres. J'admire Rossini et Meyerbeer ; j'aime Weber et Bellini : voilà mon système tout expliqué.

— Eh bien ! que dites-vous de cette théorie, monsieur le comte, demanda Léon de Vaux, vous qui êtes un mélomane ?

— Lui, le comte, un mélomane ! s'écria madame de Barthèle ; ah ! bien oui ! il déteste la musique.

— Mais je pensais que M. le comte avait une loge à l'Opéra ! reprit Léon.

— J'en avais une, dit vivement le comte, ou plutôt j'avais un jour de loge ; mais je l'ai cédé.

— Pardon, je croyais vous avoir aperçu

vendredi dernier, tout au fond de la loge, il est vrai.

— Vous vous êtes trompé, Monsieur, dit vivement le comte.

— C'est possible, reprit Léon de Vaux; alors c'est quelqu'un qui vous ressemblait fort.

— Maintenant, ma chère Fernande, reprit madame de Neuilly, je te ferai observer que tu n'as plus qu'à nous formuler tes opinions littéraires pour nous avoir fait un cours complet d'art.

— C'est me rappeler, Madame, dit Fernande en souriant, que j'ai pris une part beaucoup trop grande à la conversation, et cependant je n'ai fait que répondre aux questions que l'on m'a adressées.

— Mais qui vous dit cela, ma chère madame Ducoudray? s'écria madame de

Barthélé : tout au contraire, nous avons à vous remercier mille fois, et vous avez été adorable.

— J'espère, Fernande, dit tout bas Léon de Vaux, en rapprochant pour la dixième fois son genou du genou que Fernande éloignait toujours ; j'espère que vous ne me garderez pas rancune de vous avoir amenée ici ; il me semble que la manière dont on vous accueille... il est vrai aussi que vous êtes charmante.

— Vous oubliez ce que vous m'avez faite, répondit Fernande. Je suis madame Ducoudray, une somnambule, l'associée de quelque Cagliostro, la complice de quelque comte de Saint-Germain. Il faut bien que j'essaie de justifier la bonne opinion que, sur votre recommandation, on a dû concevoir de moi.

—Ah! mon cher monsieur Léon, dit la baronne, faites-y bien attention; si vous prenez ainsi madame Ducoudray pour vous tout seul, nous allons vous faire une bonne grosse querelle.

— Et vous avez raison, Madame, dit Fabien; ce Léon est d'un égoïsme! N'est-ce pas, monsieur le comte?

— Le fait est, dit vivement le pair de France, que Madame allait nous donner son opinion.

— Sur quoi? demanda Fernande.

— Sur la littérature.

— Oh! monsieur le comte, excusez-moi; je suis bien excentrique en littérature. Mes admirations se bornent à cinq hommes: il est vrai que ces hommes sont des demi-dieux. Si jamais je me retire du monde, ce qui pourra bien m'arriver un beau matin, je n'emporterai avec moi que ces cinq grands poètes.

— Et lesquels? demanda madame de Barthèle.

— Moïse, Homère, saint Augustin, Dante et Shakspeare.

— Ah! ma chère Fernande, que dites-vous là? s'écria madame de Neuilly. Comment est-il possible que vous admiriez Shakspeare? un barbare.

— Ce barbare est l'homme qui a le plus créé après Dieu, dit Fernande.

— Croiriez-vous une chose? ma chère madame Ducoudray, dit la baronne, c'est que je n'ai jamais eu l'idée de lire Shakspeare.

— C'est de l'ingratitude, Madame. Nous autres femmes, surtout, nous devrions vouer un culte à Shakspeare; les plus admirables types de notre sexe ont été créés par lui. Juliette, Cordelia, Ophelia, Miranda, Desdemona, sont des anges à qui sa main a détaché les ailes que Dieu leur avait données, pour en faire des femmes.

— Comte, dit madame de Barthèle, puisque vous allez ce soir à Paris, vous me rapporterez un Shakspeare.

— Ce serait avec le plus grand plaisir, baronne, dit le comte, mais j'ai changé d'avis.

— Comment?

— Je n'irai pas à Paris ce soir; je crois ma présence nécessaire ici.

— Pourquoi donc vous gêner, maintenant que Maurice va mieux? reprit madame de Barthèle; vous avez promis à vos confrères de la Chambre, m'avez-vous dit, de vous rendre à une conférence très importante.

— Eh bien! Madame, répondit en souriant le comte, je manquerai à ma promesse; et lorsqu'ils sauront la cause qui m'a retenu loin d'eux, ils me pardonneront.

— Oh! Monsieur, dit Léon, qui semblait avoir pris à tâche de harceler éternellement le pauvre pair de France, pourquoi donc priver vos collègues de vos lumières daus une circonstance où elles peuvent leur être si utiles?

— C'est une réunion préparatoire.

— Les affaires de l'État avant tout, monsieur le comte; n'est-ce pas, madame la baronne? Diable! il ne faut pas badiner avec les lois.

— Il veut m'éloigner, se dit le comte; c'est bien.

— Oh! quant à cela, dit madame de Barthèle, voulez-vous que je vous dise une chose? c'est que je suis convaincue que les lois se font toutes seules, et que celle-là n'en sera ni meilleure ni pire pour être venue au monde en l'absence de M. de Montgiroux.

A ces mots, madame de Barthèle se leva, car il était convenu qu'on irait prendre le café au jardin. Chacun imita son exemple. Au milieu du mouvement, le comte de Montgiroux trouva moyen de se rapprocher de Fernande et de lui dire sans être entendu :

— Vous comprenez que c'est pour vous que je reste, et qu'il faut absolument que je vous parle.

Fernande allait répondre, lorsqu'un cri de joie poussé par madame de Barthèle la força de se retourner.

Maurice, pâle et chancelant, enveloppé dans une large robe de chambre, venait, profitant de l'absence du docteur, d'apparaître sur le seuil de la salle à manger.

Il s'arrêta immobile, en reconnaissant les différents personnages qu'il trouvait réunis.

XIII

La crise prévue par le docteur s'était heureusement opérée; Maurice avait dormi près de trois heures. Pendant ce sommeil calme et tranquille, dont le malade semblait avoir perdu l'habitude, le sang avait reflué de la tête au cœur, Maurice s'était réveillé en cherchant à débrouiller ses idées encore obscures et confuses dans son cerveau. Enfin le souvenir de Fernande vint comme un fil conducteur le guider dans le labyrinthe fiévreux du passé. Il se rappela vaguement avoir vu tout-à-coup apparaître Fernande, l'avoir entendue chanter son air favori; puis il revit près de lui et autour de lui ces trois femmes, qu'aucune combinaison humaine ne semblait jamais devoir réunir. C'était là que le délire semblait le reprendre; c'était là que pour lui la réalité tournait au rêve. Fernande, madame de Barthèle et Clotilde, au chevet de son lit toutes trois, c'était chose impossible.

Et cependant jamais songe n'avait laissé dans son esprit trace si profonde. Le piano était encore ouvert, et la voix vibrait encore à son oreille. Le parfum de violette si doux qui accompagnait toujours Fernande, flottait encore dans l'air. Puis, plus que tout cela, ce calme répandu dans toute sa personne, ce bien-être inouï dont le cœur semblait être le centre, tout lui disait que ce n'était point une apparition qu'il avait vue.

Maurice étendit la main vers le cordon de la sonnette pour appeler quelqu'un ; mais il pensa qu'on pouvait avoir intérêt à le tromper, et que dans ce cas la leçon aurait été faite aux domestiques. D'ailleurs ce mouvement qu'il venait de faire, si léger qu'il fût, lui avait donné la mesure de ses forces. Il lui semblait, chose qu'il eût cru impossible avant le sommeil réparateur d'où il sortait, qu'il pourrait se tenir debout et marcher. Il essaya alors de descendre de son lit : d'abord il lui sembla que la terre se dérobait sous ses pieds et que tout tournait autour de lui ; mais après un instant il reprit un peu d'équilibre, et quoique bien faible, il comprit qu'il pourrait descendre. C'était pour le moment l'objet de toute son ambition.

Toutefois les habitudes coquettes de l'homme du monde prirent le pas sur la passion. Maurice se traîna jusqu'à sa toilette. Il ne s'était pas vu depuis qu'il s'était mis au lit, et se trouva affreusement changé ; mais cependant, au milieu de tout cela, ses yeux, agrandis par la maigreur, n'en étaient que plus expressifs. Avec un coup de brosse, ses cheveux reprirent leur élégante ondulation ; ses dents étaient toujours magnifiques ; sa pâleur même n'était pas sans charme ni surtout sans intérêt. Bref, Maurice demeura bien convaincu qu'il ne perdrait rien dans l'esprit de Fernande à être vu par elle en ce moment.

Alors, avec une peine infinie, en s'arrêtant à chaque pas, en se reposant à chaque marche, il avait commencé de descendre, soutenu par l'idée qu'il allait, au coin de quelque corridor, sur le seuil de quelque porte, rencontrer Fernande. Bientôt, en arrivant près de la salle à manger, il avait entendu le bruit des voix. Alors son espoir avait disparu. Fernande était une apparition de sa fièvre, un rêve de son délire. Comment supposer Fernande à la même table que Clotilde et madame de Barthèle ? Cependant, en écoutant, il lui semblait entendre sa voix, cette voix au timbre si doux et si vibrant à la fois. Il s'était approché ; cette voix, c'était bien la voix de Fernande. Alors, perdant toute puissance sur lui-même, sans plus rien calculer, il avait saisi le bouton de la porte et l'avait ouverte.

Au cri poussé par madame de Barthèle, Maurice sentit tout-à-coup se réveiller en lui le sentiment des convenances. Du premier coup-d'œil, il avait aperçu Fernande; mais autour d'elle, réunion impossible dans sa pensée, il reconnaissait sa mère, sa femme, M. de Montgiroux, madame de Neuilly et les deux jeunes gens. A cette vue, Maurice fut intimidé; une sorte de confusion secrète, qui venait du désordre de ses idées, paralysa l'effort qu'il avait fait pour venir. Comme un enfant pris en faute, il eut recours au mensonge, cherchant ainsi à se tromper lui-même, afin de pouvoir plus sûrement tromper les autres.

— Mon Dieu! s'écria madame de Barthèle, c'est toi, Maurice? Quelle imprudence!

Et la première elle fut près de Maurice, à qui elle offrit son bras.

— Ne vous inquiétez pas, ma mère, dit le malade ; je suis mieux, j'ai des forces, j'ai dormi ; seulement j'avais besoin d'air.

Et en parlant ainsi il interrogeait du regard le regard de chaque personnage.

Une des falcultés les plus merveilleuses de l'intelligence humaine, c'est l'intuition, ce sens interne, libre de toute influence des sens extérieurs, qui exerce sur nos passions un empire magique, cette espèce de divination qui sonde la pensée des autres, et qui, dans certaines conditions physiques et morales, devient plus haute et plus intelligente. Or, Maurice était dans une de ces conditions. Son âme venait de se ranimer dans son enveloppe affaiblie : pure et dégagée des nuages de la matière, elle semblait investir l'être tout entier et régner sans partage. L'âme de Maurice fit donc, avec la promptitude ordinaire de ses perceptions les plus profondes, la part de tout et de tous.

Dans les yeux de sa mère Maurice vit se presser pour ainsi dire tous les élans réunis d'un amour qui n'a point d'analogue dans la série des sentiments humains. Dans ceux de sa femme il reconnut, mêlée d'un certain trouble, la preuve d'une affection sincère ; dans ceux de Fernande il saisit le jet de cette volupté céleste qui étincelle de l'éclat inimitable des facettes du diamant. C'était tout qu'il voulait : que lui importaient les autres ? Avait-il besoin de savoir ce qui se passait dans l'âme envieuse de madame de Neuilly, dans le cœur froid du comte de Montgiroux et dans les têtes folles de Fabien et de Léon?

Heureusement, comme il n'y avait là personne qui n'eût au fond du cœur l'égoïsme de ses intérêts individuels, le conflit d'une explication n'était donc pas à craindre, et chacun devait gagner à se tenir sur le qui vive de la prudence et de la discrétion.

— Eh bien! dit le docteur, qui, moins préoccupé de lui-même que les autres, devait tout naturellement rompre le premier le silence; eh bien! puisque le malade sent qu'il a besoin d'air, prenons l'air. Au jardin, Mesdames, s'il vous plaît; le malade qui marche est promptement en état de courir.

Et tout en s'emparant du bras de Maurice, le docteur rassura madame de Barthèle du regard. Clotilde s'élança en avant pour faire préparer sous le massif d'acacias et d'érables où l'on devait prendre le café un grand fauteuil pour le malade. Madame de Neuilly s'accrocha à Fernande, en l'accablant toujours de ses protestations d'amitié mêlées de questions. Les trois hommes suivirent lentement le groupe principal, c'est-à-dire Maurice, sa mère et le docteur.

M. de Montgiroux, contrarié du retard que cet événement apportait à son explication avec Fernande, avait bien fait quelques objections à cette promenade ; mais où a-t-on jamais vu le médecin revenir sur ses ordonnances? ce serait avouer qu'il peut se tromper. Or, c'est surtout en médecine que l'infaillibilité est reconnue, par les médecins bien entendu. Le docteur avait donc tenu bon.

Madame de Neuilly n'avait pas encore cru devoir importuner de ses questions le malade à qui elle avait eu le temps d'adresser la parole ; mais elle préparait dans le fond de sa pensée un interrogatoire si épineux que Maurice, quelle que fût la subtilité de son esprit, ne pouvait manquer d'y laisser accroché quelque lambeau de vérité. Avec ces lambeaux, madame de Neuilly se faisait fort de reconstruire toute l'histoire, comme Cuvier, avec un fragment de mammouth ou de mastodonte, reconstruisait non-seulement l'animal mort, mais toute une race disparue. Elle avait d'ailleurs, en attendant et pour lui faire prendre patience, à se réjouir *in petto* du changement que les souffrances avaient amené dans la personne de son jeune parent, et, prenant un air hypocrite, elle trouva moyen d'épancher, avec son ancienne amie, la satisfaction secrète que l'envie lui faisait éprouver.

—Pauvre Maurice! dit-elle, si je l'avais vu autre part qu'ici et sans être prévenue, j'aurais vraiment eu peine à le reconnaître. Croirais-tu, chère Fernande, — mais tu ne peux pas savoir cela, toi qui ne l'as pas vu au temps de ses beaux jours, — croirais-tu que c'était un charmant cavalier? Comptez donc sur la beauté, mon Dieu, puisqu'en trois semaines ou un mois la maladie peut faire de tels ravages!

Fernande jeta les yeux sur Maurice et étouffa un soupir. En effet, la trace des douleurs de l'âme avait profondément sillonné ce visage ; ce front si pur et si poli était plissé par une ride pensive ; ces yeux ardents et passionnés, à part l'étincelle fiévreuse qui en animait encore l'expression, semblaient éteints, et cependant jamais ces yeux n'avaient échangé avec Fernande un regard qui répondît plus intimement à la pensée qui la dominait en ce moment. C'était une joie si plaintive, un reproche si suppliant, une prière si tendre qu'elle venait d'y recueillir, que son amour, comprimé peut-être, mais jamais éteint, reprenait une nouvelle force à la douce flamme de la compassion. Et cependant, en même temps et par un effet contraire, dans la pure atmosphère de cette famille, au contact de ces femmes respectées, un remords véhément, un espoir douloureux la rendaient avide d'émotions fortes, et ce calme apparent où chacun était plongé, auquel elle était condamnée elle-même, rendait sa situation insupportable. Elle eût voulu, le cœur serré ainsi entre deux sentiments opposés, donner un libre cours à ses larmes, s'agiter dans son désespoir et dans sa joie, se soulager par des cris, par de violentes étreintes ; elle eût voulu courir et s'arrêter capricieusement ; mais sous les yeux de Maurice et de sa famille elle se sentait observée dans tous ses mouvements, elle n'avait plus d'autre volonté que celle des convenances imposées, et elle marchait tout en répondant avec un gracieux sourire aux avances de son ancienne compagne.

Par une bizarre destinée, dans ce drame si tranquille, si simple à la surface, où

chacun comprimait avec tant de soin et
d'adresse les différentes émotions qu'il
éprouvait intérieurement, c'était au tour
de Maurice de marcher de surprise en surprise. Ce n'était pas le tout pour lui que
de voir Fernande reçue au château par sa
mère et par Clotilde, mais encore il la
voyait au bras de madame de Neuilly, qui
la tutoyait et l'accablait d'amitiés. Madame
de Neuilly, cette femme si prude, si réservée, caressait et tutoyait Fernande :
c'était à n'en croire ni ses yeux ni ses oreilles, c'était à penser qu'il continuait le
rêve fiévreux dont l'apparition de la courtisane dans sa chambre était l'exposition.
Pareil à une pièce de théâtre, ce rêve semblait encore se développer sous ses yeux
par des péripéties plus invraisemblables à
ses yeux les unes que les autres, et aux-

quelles cependant son cœur ne pouvait s'empêcher de prendre un vif intérêt.

Le médecin, qui donnait le bras à Maurice et qui marchait le doigt appuyé sur son pouls, suivait chez le malade tous les mouvements de sa pensée, qui se traduisaient par le ralentissement ou la vivacité des battements de l'artère. Or, pour lui, toutes ces émotions de l'âme, en distrayant Maurice de cette douleur première, unique, profonde, que lui avait causée l'absence de Fernande, tendaient à la guérison.

Sans s'en douter, madame de Barthèle vint encore jeter une confusion nouvelle dans l'esprit de Maurice. Craignant que les questions de madame de Neuilly ne fatiguassent Fernande, et que celle-ci, dans ses réponses, ne laissât échapper quelques paroles qui missent son ancienne compagne sur la voie de ce qu'était devenue la jeune femme depuis leur séparation aux portes de Saint-Denis, elle vint se jeter en travers de la conversation qui, ainsi qu'elle l'avait prévu, devenait de plus en plus embarrassante pour Fernande.

— Eh! Mesdames, cria, la baronne avec l'autorité de son âge et l'aplomb que lui donnait son titre de maîtresse de maison, vous marchez trop vite, attendez-nous donc, je vous en prie.

En même temps, se retournant du côté des trois hommes qui venaient par derrière :

— En vérité, je ne vous comprend pas, Messieurs, ajouta-t-elle; tout est bouleversé en France. A quoi songez-vous donc monsieur de Rieulle? êtes-vous en brouille avec madame de Neuilly? Et vous, monsieur de Vaux, est-ce que vous n'avez rien à dire à madame Ducoudray ? C'est à nous autres invalides à traîner le pas, et non à vous ; voyons, rejoignez ces dames, et empêchez qu'elles ne nous devancent si fort.

Le comte fit un mouvement pour suivre Fabien et Léon; mais comme il passait près de madame de Bathèle, celle-ci l'arrêta par la main.

— Un instant, comte, dit-elle, vous faites partie des invalides ; restez donc avec nous à l'arrière-garde, je vous prie.

— Ma cousine, reprit madame de Neuilly, qui autant qu'il lui était possible voulait s'épargner l'audition des compliments que les jeunes gens ne manqueraient pas d'adresser à Fernande, ne vous préoccupez pas de nous ; nous avons à causer, Madame Ducoudray et moi.

C'était la seconde fois que ce nom de madame Ducoudray était prononcé, et pour Maurice il était évident que c'était Fernande que l'on désignait sous ce nom.

— Et de quoi causez-vous ? demanda madame de Barthèle.

— De somnambulisme ; je veux que Fernande m'explique tout ce qu'elle éprouve dans ses moments d'extase.

Fernande somnambule, c'était encore là un de ces épisodes inintelligibles à l'esprit de Maurice : il passa la main sur son front comme pour y fixer la pensée prête à s'enfuir.

— Eh bien ! reprit la douairière, ce n'est pas une raison, ce me semble pour priver ces Messieurs d'une explication dont ils doivent être aussi curieux que vous.

— Si fait, si fait, cousine, reprit madame de Neuilly en s'emparant plus que jamais de Fernande. Nous avons d'ailleurs des souvenirs d'enfance, des secrets de pension à nous rappeler; deux bonnes amies comme nous ne se retrouvent pas après six années de séparation sans avoir une foule de confidences à se faire.

Madame de Neuilly et Fernande amies de pension! Fernande avait donc été élevée à Saint-Denis, et, si elle avait été élevée à Saint-Denis, elle était donc issue d'une famille noble par ses ancêtres ou illustrée par son chef? Jusqu'à ce jour Maurice n'avait donc pas connu Fernande?

Si lentement que l'on eût marché, on

avait cependant gagné du chemin, et au détour d'une allée on aperçut Clotilde qui attendait les promeneurs près du massif où l'on devait servir le café. C'était encore une de ces haltes où la conversation particulière devenait forcément générale.

On se réunit sous la voûte de verdure où une table était préparée ; des chaises et un fauteuil étaient déjà placés auprès de cette table. Le docteur et madame de Barthèle forcèrent Maurice à s'asseoir dans le fauteuil ; puis chacun, sans être maître de choisir sa place, s'avança vers la chaise qui se trouvait la plus rapprochée de lui.

Il en résulta que cette fois ce fut le hasard qui disposa les groupes, et que tout ordre se trouva interverti. Léon fut séparé de Fernande, Fabien se trouva près de madame de Neuilly, Maurice se trouva entre sa mère et le docteur; le comte fut forcé de s'asseoir près de madame de Barthèle, et une chaise resta vide entre M. de Montgiroux et Fernande.

Clotilde, occupée à faire signe aux domestiques d'apporter le café, était encore debout. Elle se retourna et vit la place qui lui était réservée. Fernande s'était déjà aperçue de cette étrange disposition, et, pâle et tremblante, elle était prête à se lever et à prier l'un de ces messieurs de changer de place avec elle; mais elle comprenait que c'était chose impossible. Clotilde s'aperçut de son embarras et s'empressa de l'en tirer en venant s'asseoir près d'elle.

Maurice vit donc en face de lui, côte

à côte et se touchant, Clotilde et Fernande. Rapprochées ainsi, il était impossible que les deux jeunes femmes échappassent à la nécessité de s'occuper l'une de l'autre; leur embarras réciproque fut remarqué de Maurice, et son œil étonné s'arrêta un instant sur elles avec une expression de doute et d'étonnement impossible à rendre.

— Elle ici! Fernande à Fontenay! Fernande accueillie par Clotilde et par ma mère! se disait-il; Fernande sous le nom de madame Ducoudray, Fernande amie de madame de Neuilly, sa compagne de pension à Saint-Denis et passant pour une somnambule! A-t-elle donc su que je voulais mourir? a-t-elle donc voulu me ranimer sous l'influence de sa pitié? et, pour arriver jusqu'à moi, a-t-elle eu recours à l'adresse? Qu'y a-t-il de vrai, qu'y a-t-il de faux dans tout cela? Où est le mensonge? où est la réalité? Pourquoi ce nom qu'on lui donne et qui n'est pas son nom? à qui demander l'explication de cette énigme? comment ce songe si doux est-il venu? comment s'en ira-t-il? En attendant, Fernande est là; je la vois, je l'entends. Merci, mon Dieu! merci.

Évidemment le malade était en voie de guérison, puisqu'il en était venu à soumettre sa pensée, tout incertaine qu'elle était aux lois de la logique. Le docteur admirait ces ressources inouïes de la jeunesse, qui font qu'il y a un âge de la vie où la science ne doit s'étonner de rien. Il suivait le sang qui commençait à reparaître sur la transparence de la peau, et qui colorait déjà d'un reflet de vie les chairs blafardes et les traits la veille encore bouleversés et pâlis comme si la mort les eût déjà touchés du doigt. Puis, d'un coup-d'œil, d'un signe de tête, d'un sourire, il rassurait sa mère, toujours attentive aux mouvements de son fils. Au reste, tout semblait célébrer la convalescence de Maurice : la nature, si belle dans les premiers jours de mai, renaissait avec lui ; l'air était calme, le ciel pur, le soleil dorait de ses derniers rayons la cime des grands arbres, frissonnant à peine sous la brise. Les deux cygnes se poursuivaient l'un l'autre sur la pièce d'eau, qui semblait un vaste miroir. Tout était harmonie dans la nature, tout soufflait la vie au-dedans de Maurice. Jamais il n'avait éprouvé cet étrange bien-être dont peuvent seuls avoir l'idée ceux qui, après s'être évanouis, rouvrent les yeux et reviennent à l'existence.

Et cependant une de ces conversations si étrangères à la vie du cœur allait flottant d'un groupe à l'autre, renvoyée par un mot, relevée par une plaisanterie, et ramenée, lorsqu'elle était prête à mourir, par une de ces oiseuses questions qui fournissent le texte insaisissable de cet éternel jargon du monde,

Au milieu de ce babillage frivole en apparence, il y avait quelques paroles que Maurice semblait vouloir absorber du regard, ne pouvant les saisir avec l'oreille. C'étaient celles qu'échangeaient entre elles les deux jeunes femmes, les deux rivales, Fernande et Clotilde; Clotilde, contrainte d'être polie et gracieuse; Fernande, forcée de répondre aux prévenances de Clotilde ; l'épouse détaillant malgré elle tous les avantages de la courtisane, et, à mesure qu'elle reconnaissait la supériorité de celle-ci sur elle, songeant malgré elle à Fabien ; la courtisane retrouvant sur le front de l'épouse cette candeur dont elle avait oublié le secret ; toutes deux déguisant les sentiments pénibles que ce rapprochement forcé faisait naître dans leur cœur, et cependant ne pouvant échapper à une même pensée, à une préoccupation unique, qui, malgré les efforts que chacune de son côté faisait pour la vaincre, renaissait sans cesse plus puissante ; si bien qu'elles sentaient toutes deux qu'il leur fallait ou se taire ou parler de Maurice.

— Mon Dieu ! Madame, dit Clotilde, rompant la première le silence, mais parlant cependant assez bas pour que personne ne pût l'entendre, excepté la personne à laquelle elle s'adressait, ne nous faites pas un crime d'avoir appris une chose que vous cherchiez à nous cacher. C'est un hasard singulier qui a amené ici madame de Neuilly, et c'est à ce hasard seul que nous devons le bonheur de savoir qui vous êtes. Croyez que nous n'en apprécions que davantage... la bonté... que vous avez eue de vous rendre à nos désirs; seulement je vous demande pardon pour elle...

— Madame, interrompit Fernande, je n'avais pas le droit d'empêcher madame de Neuilly de commettre une indiscrétion. Elle était loin de se douter, j'en suis certaine, qu'elle pouvait m'attrister en révélant le nom de mon père. Seulement je regrette que l'arrivée d'une ancienne compagne ait rendu ma situation chez vous plus fausse encore.

— Permettez-moi de ne pas être de votre avis, Madame. L'éducation et la naissance sont des qualités indélébiles qui emportent avec elles leurs priviléges.

— Je suis madame Ducoudray, et pas autre chose, répondit vivement la courtisane, et encore, croyez-le bien, parce que je ne puis pas être tout simplement Fernande. Aucun des événements passés et à venir de cette journée ne me fera oublier, Madame, le rôle que m'ont destiné, en me conduisant chez vous, les amis de votre mari ; et ce rôle, soyez-en certaine, je le remplirai de mon mieux.

— Et ni moi non plus, Madame, dit Clotilde, je n'oublierai point que vous avez consenti à vous charger de ce rôle; et croyez que ma reconnaissance pourtant de bonté...

— Ne me faites pas meilleure que je ne suis, Madame. Si j'avais pu prévoir où l'on m'attirait et ce qu'on allait exiger de mon humilité, je ne serais pas devant vous à cette heure, croyez-le bien. C'est donc moi qui dois être reconnaissante d'un accueil que je n'avais pas le droit d'attendre.

— Mais enfin avouez que vous rendez, sinon le bonheur, au moins la tranquillité à notre pauvre famille. Maurice, que votre abandon avait tué, renaît à la vie.

— Je n'ai point abandonné M. de Barthèle, Madame; j'ai appris qu'il était marié, voilà tout. J'aimais M. de Barthèle à lui donner ma vie, s'il me l'avait demandée; mais à partir du moment où M. de Barthèle avait une femme dont mon bonheur pouvait faire le désespoir, M. de Barthèle ne devait et ne pouvait plus rien être pour moi.

— Comment! vous pensiez qu'il était libre? vous ignoriez qu'il était marié?

— Sur mon âme; et ce que j'ai fait sans vous connaître, Madame, peut vous garantir à l'avance ce que je regarde comme un devoir de faire, maintenant que je vous ai vue.

Par un mouvement involontaire et rapide comme la pensée, Clotilde saisit la main de Fernande et la pressa vivement.

— Allons donc! s'écria madame de Neuilly, qui, depuis le commencement de la conversation, sans avoir pu entendre un mot de leur entretien, n'avait cependant pas un seul instant perdu les deux jeunes femmes de vue, et jusque-là n'avait rien compris à la réserve avec laquelle Fernande accueillait les avances qu'on lui faisait; allons donc! il ne faut pas être si humble, ma chère Fernande; quand vous auriez épousé tous les Ducoudray de la terre, vous n'en seriez pas moins la fille du marquis de Mormant.

L'arrivée des valets, qui venaient enlever le café et les liqueurs, ne permit pas d'entendre l'exclamation de surprise que poussa Maurice en faisant cette dernière découverte, qui lui apprenait le secret de l'amitié de pension qui régnait entre madame de Neuilly et Fernande. Fernande seule entendit et comprit cette exclamation étouffée, et son regard se détourna de Maurice pour qu'il ne pût pas lire dans ce regard le trouble de son âme, qu'elle était parvenue à surmonter jusqu'alors, mais qu'elle sentait enfin tout prêt à déborder.

XIV

Un des caractères les plus remarquables de notre société moderne est ce vernis extérieur à l'aide duquel chacun voile au regard de son voisin le véritable sentiment qu'il a dans le cœur ; grâce à la monotonie d'un langage noté jusque dans les moindres fioritures du savoir-vivre, chacun peut donner le change sur sa pensée ;

aussi, dans notre milieu social, le drame n'existe que dans les replis de l'âme ou devant la cour d'assises.

En effet, dans ce groupe gracieusement assis sous les branches pendantes et parfumées des lilas, des ébéniers et des acacias, il n'y a pour l'observateur, si profond qu'il soit, qu'un intérieur de famille dans son mouvement de tous les jours. Tous les visages sont calmes, toutes les bouches sont riantes, tous les sourires joyeux. Cependant fouillez au fond des cœurs, vous y trouverez toutes les passions avec lesquelles les poètes modernes ont bâti l'édifice de leurs pièces les plus excentriques, amour, jalousie et adultère. Mais une nouvelle visite peut arriver, les valets peuvent aller et venir, rien n'aura trahi les préoccupations individuelles, qui disparaissent sous la contrainte imposée par l'usage : le visiteur croira qu'il a assisté à la réunion la plus innocente du monde ; les valets se diront que leurs maîtres sont les gens les plus heureux de la terre.

C'est comme symbole des inextricables mystères du cœur humain que les Grecs inventèrent la fable du labyrinthe. Quiconque n'a point le fil d'Ariane s'y égare indubitablement.

Cependant la nuit envahissait peu à peu l'horizon, la brise plus fraîche agitait le feuillage. Le docteur crut prudent de faire rentrer Maurice ; il manifesta son désir : chacun avait intérêt au déplacement qui se fit. En conséquence, à l'instant même on regagna le château, et il fut arrêté qu'on se réunirait de nouveau dans la chambre du malade, après lui avoir laissé le temps de se remettre au lit, sa sortie étant une de ces heureuses escapades que l'on ne pardonne que parce qu'elles réussissent. Il y eut alors un de ces moments de liberté générale où chacun sent le besoin de se soustraire pour quelques instans aux convenances longtemps observées. Madame de Barthèle et Clotilde accompagnèrent Maurice jusqu'à la porte de sa chambre. Fabien et Léon tirèrent chacun un cigare de leur poche et s'enfoncèrent dans le jardin. Enfin, au moment où madame de Neuilly entraînait Fernande vers le boudoir, M. de Montgiroux crut avoir trouvé le moment tant attendu, et se penchant à son oreille :

— Madame, lui dit-il, puis-je espérer que vous daignerez venir au bosquet où nous avons pris le café ? D'ici à une demi-heure j'irai vous y attendre.

— J'irai, Monsieur, répondit Fernande.

— Plaît-il ? dit madame de Neuilly en se retournant.

— Rien, Madame, répondit le comte ; je demandais à Madame si elle retournait à Paris ce soir.

Et saluant les deux femmes, il s'éloigna pour aller rejoindre au jardin Fabien et Léon ; mais à la porte du salon il rencontra madame de Barthèle qui allait y rentrer.

— Où allez-vous, comte ? dit celle-ci.

— Au jardin, Madame, répondit M. de Montgiroux.

— Au jardin ! êtes-vous fou, mon cher comte, et n'avez-vous point entendu ce que le docteur nous a dit de la fraîcheur de ces premières soirées de printemps ?

— Mais ce qu'il en a dit, ma chère baronne, dit M. de Montgiroux, c'était pour le malade.

— Point, Monsieur, point ; c'était pour tout le monde. Il est donc de mon devoir de maîtresse de maison de m'emparer de votre bras, et, en femme jalouse de votre santé, de me faire conduire près de ces dames. Où sont-elles ? dans le billard ou dans la serre ?

— Dans la serre, je crois.

— Allons les rejoindre.

Il n'y avait pas moyen de refuser une invitation faite de cette façon. Le pair de France obéit donc en rechignant, et se mit avec madame de Barthèle à la recherche de madame de Neuilly et de Fernande.

Pendant ce temps, Clotilde, qui avait laissé son mari aux mains de son valet de chambre, sortait de son appartement et descendait l'escalier le cœur rempli d'une vague tristesse. En se retrouvant seul avec elle, Maurice lui avait pris les mains, qu'il avait serrées tendrement, et s'était occupé à son tour de sa santé, lui qui depuis huit jours, taciturne et indifférent, ne lui avait pas adressé la parole, — avec la même bienveillante inquiétude qu'elle avait prise pour de l'amour et qui l'avait si longtemps maintenue dans une trompeuse sécurité. Voulait-il par ces soins l'abuser encore? La présence de la femme étrangère avait-elle produit ce retour? C'est probable. Jusque-là son ignorance des passions humaines l'avait donc faite le jouet d'une illusion. Ce qu'elle avait, dans le cœur de son mari et dans le sien, pris pour de l'amour n'était donc qu'une amitié un peu plus profane et un peu plus intime que les autres amitiés. A l'influence exercée par sa rivale, elle comprenait enfin ce que c'était qu'une véritable passion; elle n'avait pas plus inspiré d'amour à Maurice qu'elle n'en avait éprouvé pour lui. L'amour, ce n'était point cette affection calme, douce et tendre, qui les avait unis réciproquement; c'était un sentiment qui rend la vie et qui donne la mort; c'était un bonheur brûlant, terrible, immense, et en se demandant quel était ce bonheur inconnu, des pensées étranges, nouvelles et lumineuses, traversaient le cœur de Clotilde en y laissant leur trace de feu.

On comprend que, préoccupée de ces idées, fatiguée de sa contrainte de toute la journée, la jeune femme, se sentant un instant en liberté et seule avec elle-même, au lieu de rejoindre au salon le reste de la société, descendit au jardin; une fois au jardin, laissant ses pas la conduire au hasard, elle se trouva bientôt sans y songer sous le massif d'acacias et d'érables où une heure auparavant elle était assise côte à côte de Fernande et en face de son mari. C'était une mauvaise place pour ses souvenirs, dans la position d'esprit où elle se trouvait. Là, chacun des regards échangés par Maurice et par Fernande semblait briller de nouveau dans l'obscurité; là, chacun des détails de cette journée, qui était loin d'être achevée, et qui cependant était déjà si remplie, revenait à sa pensée. Cette profonde tristesse de l'âme, qui lui venait de la blessure faite à son orgueil par l'amour de Maurice pour une autre, dégageait peu à peu son imagination des entraves du devoir. Une idée vague de ce droit, qui semble le droit général de l'humanité, une idée vague du droit de représailles se présentait à son esprit. Une image, indécise, insaisissable d'abord, vacilla sous son regard, puis bientôt passa et repassa en se dessinant chaque fois d'une manière plus nette jusqu'à ce qu'enfin elle eût reconnu dans cette ombre l'homme sur lequel, à mesure que son cœur se détachait de Maurice, sa pensée se reportait, Fabien de Rieulle, enfin.

Dans la disposition d'esprit ordinaire et avec le portrait que nous avons fait de Fabien et de Maurice, toute femme distinguée eût sans doute préféré le second au premier; mais Clotilde n'en était plus à ce point où l'esprit juge sainement; une fois l'équilibre de la raison dérangé par le trouble du cœur, on en vient à ne plus comprendre la cause de certaines passions. A ses yeux, Fabien se présentait comme un homme amoureux d'elle, Maurice comme un homme qui ne l'avait jamais aimée. Cet amour qu'elle rêvait maintenant, depuis que Fernande et Maurice lui avaient fait comprendre ce que c'était que l'amour, le cœur de Fabien le lui promettait. Ces émotions sans lesquelles il n'y a point d'existence, parce qu'elles seules font sentir qu'on existe, Fabien pouvait les lui donner.

Clotilde en était là de ses sensations intérieures, lorsqu'un léger bruit se fit entendre derrière elle ; elle tressaillit ; ce bruit, c'était sa vision qui se faisait réalité. Sans qu'elle eût besoin de se retourner et de voir, elle sentit qu'un homme s'approchait, et au battement de son cœur elle comprit que cet homme était Fabien. Son premier mouvement fut de se lever pour fuir, mais il lui sembla que ses pieds avaient pris racine au sol, et qu'elle tomberait si elle essayait de faire un seul pas. D'ailleurs la voix de Fabien l'arrêta.

— Madame, lui dit-il, il y a vraiment des circonstances où le hasard ressemble à une providence, je n'ose pas dire à une sympathie : je me sens entraîné par un besoin irrésistible de revoir le lieu où je vous ai vue tout à l'heure, et je vous y trouve. Y aurait-il donc en ce monde une pensée qui nous serait commune ? En ce cas, moi qui me croyais tout à l'heure le plus malheureux des hommes, j'aurais au contraire des actions de grâces à rendre au ciel.

— Monsieur, répondit Clotilde toute troublée, je quittais mon mari, et j'étais venue chercher ici un moment de solitude dont j'avais besoin ; permettez donc que je me retire.

— Eh ! Madame, dit Fabien, la solitude existe pour deux aussi bien que pour un ; que faut-il pour cela ? que les deux cœurs aient une seule pensée, voilà tout. Or, si mon cœur se fait le reflet du vôtre, vous êtes encore seule, quoique nous soyons deux.

— Pour que cela fût ainsi, dit Clotilde, il faudrait que vous sussiez ce qui se passe dans mon cœur.

— Croyez-vous, Madame, que vous en soyez venue à cet âge de la vie où l'on dérobe ses impressions aux yeux de l'homme intéressé à les connaître? Oh! non, heureusement, vous êtes encore trop chaste et trop pure pour cela? et je lis dans votre cœur comme dans un beau livre tout ouvert.

— Eh bien! Monsieur, qu'y voyez-vous, si ce n'est une profonde tristesse?

— Oui, sans doute tout effet a une cause, et je remonte à cette cause.

Clotilde tressaillit, car elle sentit que Fabien approchait le doigt de cette plaie vive et saignante qu'elle venait de découvrir au dedans d'elle-même.

— Vous êtes triste, Madame, continua Fabien, parce que le premier besoin d'une femme jeune et belle est d'aimer et d'être aimée, vous êtes triste parce que vous vous êtes aperçue que vous n'étiez pas aimée comme vous aviez cru l'être, et que vous-même n'aimiez point ainsi que vous croyiez aimer, parce qu'enfin, en voyant, aujourd'hui sous vos yeux devant vous Fernande et Maurice, vous avez compris le véritable amour par la joie et par la souffrance des autres.

Clotilde regarda Fabien avec une espèce de terreur ; il était impossible de lire plus profondément et plus juste dans sa pensée, que venait de le faire M. de Rieulle.

— Monsieur, dit-elle, incapable de dissimuler l'émotion qu'elle éprouvait, qui donc vous a donné ce pouvoir étrange ?

— De lire dans vos sentiments, Madame ? un amour profond et véritable, un amour comme vous méritiez d'en faire naître un.

— Oh ! Monsieur, par pitié, je vous en prie, s'écria la jeune femme, en rappelant toutes ses forces, et en faisant un mouvement pour s'éloigner.

— De la pitié, reprit Fabien en baissant la voix pour donner par le mystère plus d'entraînement à ses paroles ; de la pitié ! et en a-t-il eu pour vous, lui ? Mari d'une femme charmante, dont il a juré en face de Dieu de faire le bonheur, il l'abandonne, et pour qui ? pour une autre femme, qui lui présente, non pas l'équivalent de ce qu'il perd, une seconde Clotilde n'existe pas, non, il l'abandonne pour une courtisane ; pendant trois mois, il n'a de repos, de bonheur, de joie qu'auprès d'elle ; elle le quitte, et avec l'amour de cette femme sa vie à lui s'en va ; vous que tout rattache à sa vie, de ce moment, vous n'êtes plus rien dans sa vie. Malgré le dévouement de sa femme, malgré l'amour de sa mère, il va mourir ; il a déjà dit adieu à la création, déjà ses yeux sont à moitié fermés, déjà vous êtes à demi vêtues de deuil : sa maîtresse bien-aimée apparaît, et pour elle seulement il consent à revivre, pour elle seulement il a des regards, pour elle seulement il a un cœur. Pourquoi donc alors vous dont il ne se souvient pas, vous souviendriez-vous de lui ? pourquoi donc le lien qu'il brise vous enchaîne-t-il encore ? et pourquoi, quand vous n'avez qu'à étendre la main pour trouver un amour que votre cœur lui a demandé vainement, quand je vous offre, par mon dévouement le plus absolu, de vous rendre ce qu'il vous a ôté, pourquoi vous effrayer, pourquoi craindre, pourquoi me repousser ?

— Oh ! Monsieur, Monsieur, murmura Clotilde, imprimant à ses paroles un accent plus sourd encore que celui de Fabien ; Monsieur, ne parlez pas ainsi, je vous en conjure, Maurice est votre ami, et je suis sa femme.

— Et n'ai-je point respecté les devoirs de l'ami, Madame, tant que Maurice a respecté vis-à-vis de vous ceux de l'époux ? Croyez-vous que je vous aime depuis trois mois seulement ? Croyez-vous que cet amour me soit venu tout-à-coup en voyant vos larmes, en approfondissant votre tristesse ? Non, Madame, détrompez-vous, je vous aime depuis que je vous ai vue ; seulement je vous croyais heureuse comme vous méritez de l'être. Je savais la liaison de Maurice avec Fernande ; vous ai-je par un seul mot, par une seule parole, laissé soupçonner la trahison de Maurice ? Non, Madame, rendez-moi plus de justice : c'est quand toute mesure a été rompue, que j'ai rompu le silence ; c'est quand vous avez eu la preuve irrécusable que l'amour de Maurice ne vous appartenait plus, que je vous ai parlé de mon amour ; et encore à l'heure qu'il est, qu'est-ce que je vous demande ? d'avoir en moi la confiance que vous auriez dans un frère ; de vous reposer sur moi comme vous vous reposeriez sur un ami, de me laisser vous aimer, de me laisser vous le dire ; voilà tout. Vous ne répondrez pas à ce sentiment si vous le voulez, mais vous saurez au moins qu'en échange d'un cœur ingrat vous aurez trouvé un cœur tout dévoué.

— Laissez-moi partir, Monsieur, dit Clotilde, essayant de dégager sa main de celle du jeune homme ; laissez-moi le rejoindre. En vous écoutant plus longtemps je sens que nous serions coupables tous les deux.

— Coupables? reprit Fabien. Oui, sans doute, nous le serions, si l'amour de votre mari, en vous donnant le bonheur, vous défendait l'espérance. Mais il n'en est point ainsi, heureusement. Sa folle passion pour cette femme vous rend toute liberté; accordez-moi donc encore quelques instants. Eh! mon Dieu! qui sait quand je vous reverrai, quand je vous trouverai seule, quand cette bienheureuse occasion me sera donnée de vous dire tout ce que je vous dis ?

— Monsieur, Monsieur, dit la jeune femme, au nom du ciel! laissez-moi; il fait nuit close, il n'est point convenable que nous soyons seuls ici. Laissez-moi retourner près de Maurice, je vous en supplie.

— Près de Maurice ! croyez-vous qu'il vous attende ? Retourner près de Maurice ! pourquoi faire ? Pour gêner ses regards, pour le contraindre ? Non, non. Une autre est près de Maurice à cette heure, une autre le console, une autre le rend à la vie.

— Vous vous trompez, Monsieur, dit derrière Fabien une voix grave et calme; cette autre est ici.

Fabien et Clotilde jetèrent ensemble un cri de surprise.

— Fernande! s'écria Clotilde.

— Vous nous écoutiez, Madame? dit Fabien.

— Dites que je vous ai entendus sans le vouloir, dit Fernande avec une assurance de maintien qui imposa le respect même à la femme du monde, et alors je suis venue.

— Fernande, dit Fabien d'un ton railleur, votre place n'est pas ici, vous le savez bien; votre place est près de Maurice.

— Ma place est partout où je puis être utile, et en ce moment ma place est ici.

— C'est pour Maurice qu'on vous a fait venir, dit Fabien, et non pour un autre.

— Eh bien! c'est Maurice que je garde,

Ce matin je lui ai sauvé la vie, ce soir je lui sauverai l'honneur.

— Je ne vous comprends pas, Madame, dit Fabien impatienté, ni madame de Barthèle non plus.

— Que vous ne me compreniez pas, vous, monsieur de Rieulle, c'est possible, dit Fernande, mais madame de Barthèle me comprendra, j'en suis sûre, car je lui parlerai au nom de ce qu'il y a de plus sacré en ce monde.

— Fernande moraliste!

— Et pourquoi pas, monsieur de Rieulle? De quelque bouche que nous vienne la vérité, c'est toujours la vérité. Or, écoutez-moi, madame de Barthèle. La femme qui a donné sa foi devant un magistrat, la femme qui a pris Dieu et les hommes à témoin de sa fidélité, cette femme-là, quand elle se parjure, descend plus bas que la courtisane, car elle se fait adultère.

— Oh! oui, oui, vous avez raison, Fernande, s'écria Clotilde, oui, vous avez raison, car ma conscience me disait ce que votre bouche me dit.

— Fernande, vous devenez folle, murmura Fabien à demi-voix, et en saisissant la main de la courtisane; mais celle-ci, sans se laisser intimider ni par le geste, ni par la parole, quoique tout deux continssent une menace, se retourna vers lui :

— Vous avez donc oublié, continua-t-elle, que si le séducteur de la jeune fille peut quelquefois réparer sa faute, jamais le corrupteur de la femme mariée n'a le droit de racheter son crime? Une jeune fille qui tombe dans le piège n'est qu'une fille déshonorée, une femme qui glisse dans l'abîme est une femme perdue.

— Oh! Madame, Madame, s'écria Clotilde en joignant les mains, que me dites-vous-là? mon Dieu!

— Vous vous trompez, Madame, dit Fernande avec l'accent d'une douce et profonde pitié. Aucune des paroles que je prononce ne s'adresse à vous, et si quelque expression sortie de ma bouche a porté atteinte au respect que je dois à l'honnête femme, je vous en demande pardon. C'est à M. de Rieulle que je parle, et, vous le voyez, Madame, c'est M. de Rieulle qui n'ose me répondre.

— Parce que votre audace me rend muet de surprise, dit Fabien.

— Mon audace! Oui, je sais que tout le monde ne l'aurait pas, cette audace.

Mais mon mérite n'est pas grand de vous parler ainsi, Monsieur. Quel mal pouvez-vous me faire, à moi? Dire que vous avez été mon amant? Ce sera un mensonge, c'est vrai; mais ce mensonge, qui déshonorerait toute autre, ne me fera d'autre mal que de me mettre un peu plus à la mode, voilà tout. Non, votre puissance, si terrible contre les femmes du monde qui ont un mari, une mère, une famille à qui elles sont obligées de rendre compte de leurs actions, échoue contre moi, qui, seule et isolée, ne dois compte de ma conduite qu'à Dieu. C'est pourquoi je me place hardiment entre vous et madame de Barthèle, c'est pourquoi je lui dis : En écoutant cet homme, vous alliez vous perdre ; venez avec moi, et je vais vous sauver.

Et en disant ces mots Fernande saisit la main de Clotilde et l'entraîna, tandis que Fabien, immobile d'étonnement et de dépit, demeurait à la même place.

Mais à peine avaient-elles fait cinquante pas que Fernande sentit que Clotilde faiblissait; alors elle entoura la taille de madame de Barthèle de son bras, et comme en ce moment la lune se dégageait d'un nuage, les deux femmes purent se comprendre dans un coup-d'œil rapide par l'altération de leurs traits. Toutes deux portaient sur leur visage les traces d'une vive émotion. Clotilde tremblait de crainte, Fernande d'enthousiasme, car elle sentait que Dieu l'avait choisie dans sa bassesse, et qu'elle allait rendre à toute une famille plus qu'elle n'avait failli lui enlever.

— Au nom de votre mari, Madame, au

nom de votre mère, reprenez des forces, dit Fernande, et surtout fiez-vous à moi. Moi aussi j'ai prêté l'oreille à des discours pareils à ceux que vous venez d'entendre, et je suis aujourd'hui ce que l'on appelle une femme perdue. Ce qu'on a fait de moi, il ne faut pas qu'on le fasse de vous, car vous êtes mariée, vous ; vous n'avez pas l'excuse d'être seule. Ah ! n'allez pas croire, Madame, à cette fatale maxime, que vous êtes autorisée à faillir parce que votre mari a failli. Votre devoir à vous, femme du monde portant un beau et grand nom qui n'est pas le vôtre, mais celui de l'homme à qui vous avez dévoué votre existence, est de pleurer en silence, de vous réfugier dans la pureté de votre vie, et là de prier, d'espérer et d'attendre.

— Ah ! Madame, vous êtes un ange envoyé du ciel pour me guider et pour me soutenir. Oh ! comment reconnaîtrai-je jamais tout ce que vous avez fait pour Maurice, tout ce que vous faites pour moi ?

— En restant fidèle à celui que je vous ai rendu, en comprenant qu'il est aussi supérieur aux autres hommes que vous l'êtes, vous, Madame, aux autres femmes. Soyez tranquille ; Maurice, un instant égaré, reviendra à vous. Que vous reprochait-il ? De ne pas savoir aimer ? Eh bien ! vous lui prouverez que vous avez un cœur digne de comprendre et de ressentir tout ce que Dieu a mis dans le sien.

— Ah ! Madame, s'écria Clotilde, qui vous donne donc ce pouvoir sur moi, que je sois prête à vous obéir ? Mon Dieu ! mon Dieu ! quelle femme êtes-vous donc ?

— Voulez-vous le savoir ? dit Fernande avec une profonde tristesse.

— Oh! oui, s'écria Clotilde, oui. Il y aura pour moi sans doute quelque enseignement dans ce que vous me direz.

— Et pour moi quelque soulagement, car vous me plaindrez : ce sera la première fois depuis cinq ans que j'aurai demandé des larmes, que j'aurai invoqué la pitié, et cependant, depuis cinq ans, Dieu sait que j'en ai eu besoin.

— Oh! que je vous rende donc quelque chose en échange de tout ce que vous faites pour moi, Madame, s'écria Clotilde; venez, venez, j'ai hâte de vous consoler à mon tour.

Et ce fut alors Clotilde qui saisit la main de Fernande, et qui l'entraîna vers l'aile du château opposée à celle où se trouvaient madame de Neuilly, madame de Barthèle et M. de Montgiroux.

Elles entrèrent dans une espèce de boudoir faiblement éclairé par une lampe d'albâtre. Clotilde ferma la porte pour que nul ne vînt interrompre la confidence qu'elle allait recevoir, et revenant s'asseoir près de Fernande :

— Parlez, dit-elle, j'écoute.

XV

Il y eut un moment de silence, pendant lequel Fernande demeura immobile et le front baissé; enfin, comme si elle eût pris sur elle-même de commencer la pénible confidence qu'elle avait demandé à faire, elle releva la tête :

— Ne croyez pas, Madame, dit-elle, que je veuille faire excuser ma conduite en me parant de qualités que je n'ai pas, ou en inventant des périls que je n'ai point courus, dit Fernande. Non, personne n'est pour moi, croyez-le bien, plus sévère que je ne le suis moi-même; mais il est bien rare qu'une femme distinguée devienne un sujet de scandale, sans rester aux yeux qui regardent le fond des choses un objet de compassion ; il est bien rare qu'une femme tombe sans qu'on la pousse ; sa faute est toujours le crime d'un autre, les circonstances seules font le blâme ou la pitié. On nous forme à la grâce, on développe des facultés qui n'ont d'autre but que de nous faire briller aux yeux du monde; l'éducation nous rend plus futiles et plus frivoles encore que la nature ne nous avait faites. Il semble, en nous élevant, qu'on nous élève pour un avenir de bonheur éternel

et assuré ; puis, tout-à-coup le malheur
vient, et l'on nous demande les vertus né-
cessaires pour lutter contre ce malheur
dont on ne nous avait jamais parlé. C'est
à la fois de l'injustice et de la cruauté,
l'ignorance du danger détruit le libre ar-
bitre. Privée dès le berceau de la tendresse
d'une mère, confiée à des mains merce-
naires, je ne connus jamais ces soins at-
tentifs qui disposent favorablement la jeune
fille à la destinée de la femme, c'est-à-dire
au devoir et à la soumission. L'indifférence des étrangers influe sur nous, surtout parce qu'elle nous isole ; les liens de
la parenté, la hiérarchie du sang, sont dans
la maison paternelle, pour nos premières
années, ce qu'ils durent être dans la société pour l'enfance du monde, le sacerdoce de tous les moments, la magistrature

intime, la royauté naturelle. Ils nous accoutument de bonne heure au droit par le devoir, à l'autorité par l'obéissance, et dans la vieille tourelle où je suis née, au fond de cette Bretagne où les usages du passé se transmettent si fidèlement, où les traditions des âges révolus, pâles comme des fantômes, apparaissent encore dans les âges présents, jamais le grand fauteuil héréditaire, trône de la famille, ne m'offrit aux époques solennelles de l'année le tableau d'un père et d'une mère qui tendent les bras à leur enfant, qui l'encouragent d'un regard humide de larmes, qui lui prennent des mains le bouquet que le jardinier a cueilli pour leur fête, et qui écoutent en souriant les vers que le maître d'école ou le curé ont composés pour cette grande occasion. Non, jamais l'année n'a fini pour moi dans la frémissante impatience de voir venir le jour du lendemain; afin d'ouvrir l'année suivante par l'accomplissement d'un acte pieux. Hélas! l'enfant qui ne peut commencer sa journée par demander à Dieu de longues journées pour ses parents est voué au malheur dès le berceau. Le ciel est sourd à la voix de quiconque ne prie que pour soi : c'est un arrêt de la fatalité. Par qui cet arrêt a-t-il été rendu? je l'ignore ; mais il a pesé sur moi, j'y crois, et je courbe ma tête, ne sachant pas à quel tribunal en appeler.

Ce que je sais de ma famille par les femmes qui soignèrent mon enfance, c'est une transmission vague et incertaine concernant mon père et ma mère, transmission qui devient pieuse et authentique à mesure qu'on remonte dans le passé. Depuis l'échafaud révolutionnaire où monta mon aïeul, jusqu'au temps de l'indépendance bretonne où brillèrent mes ancêtres, la gloire du vieux château de Mormant apparaît rayonnante dans la brume des légendes et des traditions, et je fus bercée, je me le rappelle, par des récits d'histoires poétiques comme des contes de fées. C'est qu'en effet le fief avait eu ses temps héroïques, et que les actions d'éclat des sires de Mormant, chantées par les poètes, étaient devenues la chanson de la veillée dans la chaumière du pauvre. C'est ainsi que les cœurs simples et droits des paysans bretons prolongent la reconnaissance ; et, tandis que les novateurs des villes renient toujours le passé pour escompter l'avenir, eux se font de ce passé traditionnel une seconde religion.

Je vous dirai donc mes souvenirs tels que je les retrouverai dans ma mémoire.

Resté seul de sa famille en 93, protégé qu'il était sans doute par sa jeunesse, mon père dut vivre obscur et céder au gouvernement de son époque. La Bretagne tranquille, il prit les armes pour servir la France; et lorsque les princes de la maison de Bourbon vinrent en 1814 relever l'espoir des anciennes familles, le colonel Mormant, déjà vétéran de la vieille armée, quoiqu'il eût trente ans à peine, paré de son titre de marquis, qu'il reprenait en même temps que ses vieilles armoiries, reçut à la cour l'accueil le plus flatteur.

Ce retour des Bourbons, cet accueil inespéré, qui promettaient à mon père un prompt avancement, et par conséquent un brillant avenir, ne lui firent point oublier les promesses qu'il avait faites avant la campagne de 1814. Il demanda un congé, revint en Bretagne, et retrouva la jeune fille noble et pauvre à laquelle lui-même il avait, un an auparavant, engagé sa foi. Pendant quelques jours le vieux château se ranima donc aux fêtes du mariage. La gloire militaire de l'Empire ajoutait un nouvel éclat aux vestiges de la vieille monarchie ; le cœur féodal s'enorgueillissait de supporter les croix données par le poétique et national usurpateur. Tout présageait aux jeunes époux un avenir riche comme le passé, et l'on ne savait pas quel bonheur leur souhaiter que la réalité ne dût dépasser.

Mon père conduisit sa femme à la cour. On lui fit un gracieux accueil, madame la Dauphine l'attacha à sa personne, et mon père alla rejoindre son régiment, avec la promesse d'une lieutenance générale.

Un jour, la nouvelle du débarquement de Napoléon au golfe Juan retentit par toute la France. Mon père accourut à l'instant même à Paris et se mit aux ordres du roi. On sait comment l'élan général du pays combattit le dévouement de quelques fidèles serviteurs. Le 16 mars, mon père fit partir la marquise pour la Bretagne, et le 19 il partit lui-même, accompagnant son roi exilé.

Trois mois après mon père rentra en France, mais ma mère était morte en me mettant au monde, et il ne trouva plus que sa tombe et mon berceau.

— Hélas! dit Clotilde en interrompant Fernande; il existe entre nos malheurs,

Madame, une triste conformité. Comme vous je suis orpheline, comme vous je perdis ma mère, à la même époque et dans des circonstances semblables.

— Oui, mais vos malheurs s'arrêtent là, Madame, reprit Fernande en interrompant à son tour Clotilde, la richesse et les soins d'une famille empressée autour de l'orpheline les ont réparés. Voilà où la similitude cesse entre vous et moi, heureusement pour vous.

La douleur éloigna bientôt mon père d'une maison attristée par la mort. Seule j'y restai comme un gage d'espérance; mon père était revenu demander à Paris les distractions d'une grande ville, les agitations de la vie politique, les luttes de la faveur. Jeune encore, ayant de beaux souvenirs dans l'armée, mon père jouit alors de toutes les prérogatives que l'époque accordait aux rejetons des vieilles familles illustrés par une gloire récente, aux vieux noms rajeunis par la victoire. Il n'y avait plus de guerre, le guerrier se fit courtisan, joua son rôle dans l'histoire de la Restauration, alla représenter son roi dans les cours étrangères, lutta de finesse ne pouvant plus lutter de courage, se fit une réputation dans la diplomatie comme il s'en était fait une dans les armes; et moi, pauvre enfant dont lui seul connaissait l'existence, dont lui seul se souvenait de temps en temps, je recevais de loin en loin une visite, une caresse ; tout cela si rapide, qu'à peine dans les premiers temps de la vie je me souviens d'avoir vu mon père. Au reste, ce n'est point un reproche que je lui adresse, de plus fréquentes apparitions lui étaient impossibles. Sans doute il en souffrait plus que moi, qui ne savais point encore ce que c'était que de souffrir; mais il espérait que les saintes et pieuses traditions de la Bretagne protégeraient mon enfance et me conserveraient telle qu'il souhaitait que je restasse, jusqu'au moment où il deviendrait nécessaire de m'initier aux enseignements du monde. La vieille et digne femme à qui sa prudence m'avait confiée était une ancienne religieuse que la Révolution avait tirée du cloître, où elle aurait dû passer sa vie. L'éducation élémentaire qu'elle avait reçue elle-même était la seule qu'elle pût me donner; mais sa piété sincère, la droiture de son esprit, la bonté de son cœur, devaient prédisposer ma jeune intelligence à recevoir plus tard les riches superfluités de l'éducation et me prémunir à l'avance contre les dangers qui s'y trouvent attachés.

Un matin sœur Ursule, c'était ainsi qu'on appelait la religieuse, entra dans ma chambre en pleurant :

— Oh! ma pauvre enfant! dit-elle, il faut nous quitter.

Je me rappelle que je pleurai, non pas que je comprisse ce que c'était que de se quitter, mais parce que je voyais pleurer. Ce sont les premières larmes dont je me souvienne.

On m'habilla pour aller à l'église : c'était le jour de la fête des morts. Le ciel était gris et sombre, l'air était humide et froid; la cloche de l'église tintait lentement; et tous les habitants du village, vêtus de leurs habits de deuil, se rendaient au cimetière. Sœur Ursule m'y conduisit avec les autres. Arrivée à la tombe de ma mère, elle me dit de m'agenouiller et de lui dire adieu. J'obéis, je fis ma prière, puis j'approchai mes lèvres de la pierre, que je baisai.

Je n'allais plus même avoir cette pierre pour me conseiller. Le vieux manoir passait en des mains étrangères, comme déjà j'y étais passée moi-même. Mon père avait été forcé de vendre l'héritage de ses pères : le château de Mormant n'appartenait plus au marquis de Mormant.

Tandis que les bons villageois, avertis de mon départ, jetaient sur la pauvre orpheline un regard de tristesse, manifestant leurs regrets, formant des vœux pour mon bonheur, moi, j'étais instinctivement émue de me sentir déjà un objet de pitié.

L'idée de quitter la maison maternelle m'agitait comme un malheur vague et inconnu; je regardais d'un œil avide, et comme s'ils eussent pour la dernière fois formé à mes regards un magnifique tableau, la croix sculptée du cimetière, la toiture élancée du château, et les beaux arbres qui dressaient si haut leurs branches dégarnies de feuillage. Pour la première fois, ces arbres imposaient à ma jeune imagination cette sorte de crainte respectueuse qui vit longtemps dans la mémoire, et dont, après quinze ans, je ressens encore l'impression, comme au jour où je les vis, pour y attacher les premiers regrets de mon âme, pour y laisser la trace du passage d'une vie pure et sans larmes à la vie terrible qui m'était réservée.

Je revins du cimetière au château. Tout

le long de la route, les petites filles du village qui étaient admises à jouer avec moi s'avançaient à ma rencontre, me faisaient la révérence, et me souhaitaient un bon voyage. Sœur Ursule me disait de les embrasser, et je les embrassais.

Une voiture m'attendait dans la cour du château; comme je n'avais encore rien pris, on me fit entrer dans la salle à manger, où le déjeuner était servi. Une figure nouvelle s'y trouvait; c'était la gouvernante qui m'était destinée, et qui devait succéder à sœur Ursule.

Je mangeai peu et pleurai beaucoup; puis, le déjeuner fini, j'embrassai une dernière fois tout le monde, et je montai en voiture. Tout le village était rassemblé pour me voir partir. Au moment où le postillon fouetta ses chevaux, toutes mes petites amies me jetèrent leurs bouquets. Singulier présage, ces bouquets étaient composés entièrement de branches de cyprès cueillies dans le cimetière ; pour des fleurs, il n'y en avait plus.

L'enfant que le marquis de Mormant vit arriver à Paris et qu'il reçut dans ses bras en descendant de la chaise de poste, dut à peu près répondre à toutes ses espérances. J'étais naïve sans niaiserie, docile par discernement ; je comprenais vite, et néanmoins je recevais toutes les impressions nouvelles sans m'y livrer étourdiment : j'allais de mes idées à celles qu'on me suggérait, d'après la logique des sens, sous la direction d'un esprit qu'on n'avait point encore faussé. Enfin, j'étais plus émue que surprise de la différence des habitudes, des usages et des objets. Je m'ouvrais pour ainsi dire à la vie, comme une fleur s'ouvre aux rayons du soleil, par l'effet d'une végétation naturelle.

Et cependant que de contrastes !

Dans ce vieux château féodal où nous étions au-dessus de tous, où jadis le seigneur avait son droit de justice haute et basse, l'espace donnait partout l'idée de la puissance. A l'extérieur, tout était grand : château, parc, forêts, terres, landes, bruyères ; à l'intérieur, tout était fort, le bois y semblait indestructible comme le fer : les poutres sculptées des grandes salles, les panneaux des murailles, les colonnes aux torses contrariés, les meubles à figures fantastiques imposaient par leur caractère une sorte de respect pour celui à qui toutes ces choses appartenaient. Là, l'inégalité des conditions était tranchée comme au moyen-âge : les serviteurs avec leurs longs cheveux, les servantes avec leurs coiffes de toile grise, semblaient avouer humblement une condition dont au reste ils n'étaient point humiliés, parce que c'était celle de leurs pères. Aussi la parole du maître était-elle toujours douce et pleine de bonhomie, car il comprenait qu'il n'avait aucune résistance à faire plier. Là, le commandement n'avait rien de hautain, l'obéissance n'avait rien de servile ; tous les dimanches, maîtres et domestiques, agenouillés à l'église, redevenaient pour une heure égaux devant Dieu, confondant leurs âmes dans le même élan, et demandant au seul seigneur réel, par les pieuses paroles de l'oraison dominicale, le pain de chaque jour et le pardon des offenses. Puis la vie grasse et abondante pour tous, des étables richement garnies, une basse-cour retentissante, des chevaux nombreux ; le sol fertilisé partout où il pouvait l'être, des fleurs, des fruits, l'air, le ciel ; — l'hiver, autour d'un large foyer brûlant, le lin filé pour l'usage de la maison ; les chants, les contes, les histoires, la poésie des hommes ; — l'été, la réunion sous la feuillée, les brises du soir, le ramage des oiseaux, le parfum de l'Océan lointain, la poésie de Dieu.

Voilà dans quel centre s'étaient écoulées les six premières années de mon enfance.

A Paris dans une maison à six étages qui contenait un monde, mon père occupait, rue Taitbout, au milieu des demeures étrangères, un second étage dont les fenêtres donnaient d'un côté sur la rue, de l'autre sur la cour. Deux valets revêtus d'une riche livrée se tenaient dans une étroite antichambre. Un salon qui aurait à peine contenu vingt personnes, et deux autres chambres, formaient l'ensemble de cette habitation, mesquine dans ses proportions, mais enrichie par l'or, la soie, les glaces, les peintures, les meubles fragiles. Là jamais de brise du soir ni du matin ; des senteurs factices renouvelaient l'air. Jamais d'aurore ni de crépuscule ; un jour gris et pâle le matin, ou l'éclat des lampes et des bougies le soir. Cependant ceux qui venaient voir mon père, lui faisaient des compliments sur son appartement, et lui disaient qu'il était bien logé.

Hélas! c'était pour soutenir ce luxe, que le marquis de Mormant avait vendu l'héritage de ses pères, et en cela tout le monde lui donnait raison, car un fils de France allait défendre en Espagne le système politique d'après lequel il devait régner lui-même. Le marquis de Mormant donnait sa démission de diplomate, et redevenait le général de Mormant ; mon père devait faire partie de l'expédition, il lui fallait des équipages, le train de son rang. La nécessité de se montrer en vrai gentilhomme, le désir de rester dans les bonnes grâces de la cour, cet orgueil si naturel aux grands seigneurs qui ne veulent jamais recourir aux autres, et prétendent tout tirer d'eux-mêmes, avaient fait passer en la possession d'un riche roturier, d'un bourgeois enrichi, le manoir aristocratique ; le besoin d'être riche élevait une famile et en abaissait une autre. Moi, enfant deshéritée, à la veille d'être orpheline, j'allais me préparer, dans un pensionnat, à la vie incertaine et dangereuse qui attend dans la société moderne la fille pauvre appauvrie encore par un grand nom.

Ce fut dans cette pension que commencèrent, sinon mes premières douleurs, du moins mes premières hontes, là plus de parents, par conséquent plus de refuge, déjà des distinctions, déjà des préférences en faveur de la toute-puissance de l'or ; là je fus initiée peu à peu par le babil de mes compagnes à cette triste science du monde qui resserre les limites de la volonté, qui apprend à modérer ses désirs, qui marque à chacune, à côté de la place que lui a faite la naissance, la place que la fortune lui fait. Des filles de banquiers, de notaires, d'avoués, qui avaient un comptoir ou une étude en dot, s'y délectaient à dix ans de l'avenir doré qui les attendait. Moi seule je ne pouvais parler ni du passé ni de l'avenir : le passé, c'était le vieux château de Bretagne qui ne nous appartenait plus ; l'avenir c'était une campagne que l'on annonçait comme meurtrière, et dans laquelle mon père pouvait être tué.

Mon père partit ; je reçus deux lettres de lui, une de Bayonne, l'autre de Madrid ; ce sont les seules que je possède, puis je fus bien longtemps sans recevoir de nouvelles.

Seulement je m'aperçus qu'à partir d'un certain moment, maîtres et maîtresses changèrent à mon égard, la pitié sembla succéder au devoir. On me regardait avec commisération, et l'on murmurait : Pauvre enfant !

Un jour, une de mes compagnes s'approcha de moi, et me dit :

— Tu ne sais pas? Fernande, ton papa est mort.

Dès-lors tout me fut expliqué. On ignorait si mon père avait laissé quelque fortune, et si ma pension serait payée ; en attendant, on me traitait déjà comme si j'étais à la charge de la communauté. Il ne faut jamais être en retard de mauvais procédés envers les malheureux.

Mon père, blessé à mort devant Cadix, avait eu le temps d'écrire un testament; dans ce testament, il me donna pour tuteur le comte de C..., son frère d'armes, me recommanda au prince dans les bras duquel il rendit le dernier soupir; puis, comme un gentilhomme du temps passé, il quitta la vie en faisant une prière.

Une année à peu près s'écoula, pendant laquelle je fus abreuvée de toutes les amertumes et de toutes les humiliations qui peuvent s'attacher à une orpheline ; puis, au bout de cette année, l'intendant du comte de C... se présenta à la pension, paya pour moi, donna une gratification aux maîtresses et aux sous-maîtresses, ce qui ne se faisait même pas pour les filles de duc, et m'emmena chez le comte.

J'avais pleuré le jour où j'avais appris la mort de mon père, mais bientôt mes larmes s'étaient taries ; le coup qui m'avait frappée avait comme assourdi toutes mes facultés, et, pendant quelque temps, j'étais restée dans un état voisin de l'idiotisme. En face d'un homme qui me parlait de mon père, qui me racontait les détails de sa mort, mes larmes revinrent, je pleurai de nouveau. Cependant la voix de cet homme n'arrivait pas à mon cœur, et mon regard, avec un sentiment de crainte profonde, se baissait sous le sien.

Le comte de C... était un homme de quarante à quarante-cinq ans à peu près ; ses manières annonçaient l'habitude du commandement, les lignes pures de son visage disparaissaient sous des traits fortement contractés, et cette physionomie mâle lui avait valu dans sa jeunesse une réputation de beauté qu'il gardait encore dans son âge mûr.

Il me regarda longtemps sans que la vue de ma jeunesse et de mes larmes changeassent en rien l'expression de ses traits ; enfin, prenant mes deux mains dans les siennes et m'attirant à lui par un mouvement auquel je résistai instinctivement.

— Mon enfant, dit-il, vous ne retournerez plus à votre pension ; son altesse M. le duc d'Angoulême vient d'ordonner que vous soyez admise à la maison royale de Saint-Denis, et c'est moi, votre tuteur, qui désormais vous servirai de père; vous m'écrirez toutes les fois que vous aurez quelque chose à m'apprendre ou à me demander, je pourvoirai à tous vos besoins comme j'en ai fait la promesse à votre père mourant, et j'espère que vous mériterez par votre conduite la haute protection dont vous honore le prince.

Je fis une révérence profonde, puis une seconde fois mes larmes se tarirent dans mes yeux. Le comte m'annonça que nous allions monter en voiture.

Deux heures après, la surintendante des filles de la Légion-d'Honneur m'accueillit d'un air plein de bonté. A partir de ce moment, j'étais une de ses filles d'adoption.

Fernande poussa un soupir, baissa la tête et garda un moment le silence, comme si elle avait besoin de reprendre de nouvelles forces pour continuer son récit.

XVI

C'est un temps si doux et si charmant que celui de la jeunesse, reprit Fernande en sortant tout-à-coup du rêve de ses souvenirs, qu'il n'est jamais inutile, dans quelque situation de la vie que l'on se trouve, d'y retremper son âme. A Saint-Denis, j'étais heureuse et fière d'être aimée, de partager les illusions des autres, de conserver leurs espérances, de recevoir mes impressions d'après les leurs; mais par ce contre-coup, le sentiment de mon infortune m'intimidait : forcée de me faire une famille par les relations de l'amitié, je devais nécessairement avoir plus de qualités ou de défauts que mes compagnes, jeunes filles caressées par de riantes promesses, et qu'attendaient au seuil de cette maison les réalités d'une existence, sinon exempte de trouble, du moins préparée avec prudence par les soins et la tendresse de leurs parents. Ma nature me soutint heureusement dans mes bonnes dispositions; sous les regards de nos maîtresses, je grandissais en profitant de la sage éducation que le fondateur de cet établissement avait lui-même méditée, car le génie organisateur de Napoléon se révèle à Saint-Denis comme partout pour l'ordre et par l'ordre. On me citait, et constamment encouragée par les succès, je dépassais le but qui m'avait été fixé. Pour toute chose, hélas! ajouta Fernande avec un triste sourire, il était dans ma destinée d'aller plus loin que les autres.

Quand l'empereur fonda l'établissement des filles de la Légion-d'Honneur, il dit au soldat : — Si tu es brave, tu auras la croix; alors, pauvre ou riche, général ou soldat, tu pourras mourir tranquille, car tes enfants auront un père. C'était donc l'utile, c'était donc le nécessaire, qu'il avait assuré aux filles pauvres, et pas davantage, car leur promettre ou leur assurer davantage, c'était les élever au-dessus de leur état. Sous la restauration; beaucoup de nobles familles manquaient du nécessaire et de l'utile, et cependant ce fut à cette époque que les vanités mondaines se glissèrent dans l'asile ouvert aux orphelines par la reconnaissance du guerrier. La loi salique, en nous excluant du trône, ne nous préserve pas de l'ambition de régner par l'influence de notre esprit ou de notre beauté ; la femme ne porte de titre que celui de son mari, et par conséquent elle achète ce titre au prix de sa liberté ; mais ses filles ont dans le berceau des langes armoriés et jouent avec les perles et les fleurons d'une couronne. Si dans les salles d'étude de la royale maison, si dans les dortoirs, tout restait conforme aux réglements dictés par le soldat couronné, les cours et les jardins avaient des échos qui répétaient l'agitation de la grande ville; le babillage enfantin, qui n'était que le reflet des causeries des salons paternels, y faisait naître dans les cœurs de douze ans l'impatience de briller et le besoin de plaire. Les splendeurs de la cour y rayonnaient au fond des imaginations exaltées et les échauffaient de sourdes espérances; seule peut-être, je ne désirais rien, seule peut-être je n'étais pas distraite de mes travaux présents par mes projets à venir. Seulement la vanité de mes compagnes s'exerçait pour moi aussi bien que pour elles-mêmes; quand elles étaient lasses de se tirer un horoscope de duchés et de pairie, elles me prédisaient un bonheur immense, inconnu, inouï, et cette espèce d'hommage qu'on rendait ainsi d'une manière détournée, non pas à ma position, mais à ma supériorité, suffisait à mon ambition, bornait mes pensées, et, chose étrange, au lieu de me faire désirer de quitter Saint-Denis, renfermait complètement mes espérances entre les murailles de la pension.

Durant six années, personne ne vint me demander au parloir, pas même mon tuteur. Je lui écrivais régulièrement à certaines époques, par le conseil de madame la surintendante ; j'écrivais aussi au seul parent qui me restât, à un oncle de ma mère, vieil ecclésiastique, qui m'était presque étranger. Quand l'époque des vacances arrivait, cette époque joyeuse pour toutes les autres devenait pour moi un temps, sinon de tristesse, du moins de réflexions. Mes compagnes partaient comme des hirondelles qui prennent leur volée, allant chercher chacune une famille heureuse de les recevoir, tandis que moi je restais à les attendre dans la seule famille que le ciel m'eût laissée ; bientôt elles revenaient, et leurs jeunes coquetteries, leurs espérances dorées, me rapportaient des lueurs de ce monde inconnu auquel j'étais par moi-même aussi étrangère que si j'eusse vécu à mille lieues du pays où j'étais née.

Je me sentais donc de plus en plus isolée à mesure que l'âge me faisait comprendre le monde et le besoin d'y être protégée. Alors, avec ce jugement juste et sévère que je portais en moi, parce que rien n'avait jamais faussé ce jugement, mon ambition douce et pure me portait à désirer de ne jamais sortir de Saint-Denis. où les degrés hiérarchiques de la maison offraient à mon avenir les seules richesses qu'il pût raisonnablement espérer. Je ne puis pas dire que j'y fusse résignée, je n'avais même pas le mérite de la résignation ; je ne voyais rien au-delà dans l'avenir, voilà tout. Quant au passé, il se bornait pour moi au château de Mormant avec ses hautes tourelles dépassant les grands arbres du parc, ses grandes chambres sombres et sculptées dans lesquelles rayonnaient de temps en temps l'uniforme brodé et les épaulettes brillantes de mon pauvre père.

Tout-à-coup un bruit inaccoutumé vint troubler l'essaim de nos jeunes filles dans les projets qu'elles formaient avec tant de confiance. Le canon des trois jours retentit jusqu'au fond de l'abbaye, et le mot effrayant de révolution vint porter une terreur vague au milieu de tous ces jeunes visages roses et riants. Parmi ces filles nobles, seule peut-être je n'avais, moi, entendu ni flatter ni maudire. Je ne m'étais pas instruite au souffle des passions politiques, je n'avais point fait la part de ma famille dans les événements de l'histoire. L'admiration exclut l'égoïsme. Je m'étais contentée d'admirer, je ne me croyais liée en aucune façon à l'élévation où à la chute des trônes. Je ne savais pas encore que les individus font les masses, et que les grandes commotions sociales vont des palais aux chaumières.

La fortune du comte de C... était indépendante, mais il la devait à la famille qu'une révolution nouvelle chassait du pays, et son amour pour ses maîtres devait s'accroître de leurs malheurs. Cependant son dévouement, qui eût été jusqu'à se faire tuer pour les Bourbons dans les rangs de la garde royale ou des Suisses, sans réfléchir un instant qu'il combattait contre des Français, n'allait pas jusqu'à suivre ses bienfaiteurs dans l'exil. Une capitulation de conscience lui souffla qu'il serait bien plus utile à Charles X en demeurant en France qu'en le suivant à l'étranger. Il resta à peu près convaincu, s'il ne parvint pas à en convaincre les autres, que sa place était à Paris. C'était à Paris qu'il pouvait préparer le retour de la famille déchue, veiller à ses intérêts. Paris était une ville ennemie qu'il s'agissait de reconquérir, et dans laquelle, par conséquent, il était bon de conserver des intelligences. Le comte resta donc à Paris.

Il y a plus, le comte, sous prétexte de

cacher ses projets de profonde politique, en revint à son caractère primitif que la sévérité de mœurs que l'on affectait dans l'ancienne cour avait quelque peu comprimé. Quoiqu'arrivé à l'âge mûr de la vie, il se jeta au milieu des jeunes gens d'une autre génération, il devint l'âme des plus célèbres clubs de la capitale. On le consulta comme un oracle; il rendit des jugements en matière de courses, de chasses, de duels. Bref, il vit renaître pour lui, toujours, disait-il, dans l'espérance de se faire une popularité, une seconde jeunesse plus éclatante que la première.

Comment le comte de C., qui durant six années ne s'était pas souvenu de l'orpheline de Saint-Denis, de la fille que son compagnon d'armes mourant lui avait léguée sur le champ de bataille, qui avait par pure bienséance signé les lettres écrites par son secrétaire, soit pour répondre à mes lettres, soit pour m'envoyer la pension que me faisait ou plutôt que faisait à la mémoire de mon père le duc d'Angoulême ; comment le comte de C... se rappela-t-il tout-à-coup que j'existais ?

Par ennui, par désœuvrement sans doute, un jour qu'il se rendait d'Enghien à Paris, il s'arrêta avec un de ses amis devant la porte de l'établissement, descendit, et me fit appeler.

On vint me dire que le comte de C... demandait à me voir. Je me fis répéter la chose deux fois, je ne comprenais pas bien, tant cette visite était inattendue et me paraissait extraordinaire, j'étais assise devant un dessin que j'achevais, je me levai aussitôt et me rendis à cette invitation.

J'avais complètement oublié le comte de C...; son souvenir, d'abord assez confus, s'était effacé peu-à-peu de ma mémoire. Je le reconnus cependant, mais sans qu'aucune émotion secrète, je dois le dire à la honte des pressentiments, vînt m'avertir de l'influence que cet homme devait avoir sur ma destinée. Je n'eus pas besoin de me composer un maintien pour arriver jusqu'à lui, je n'éprouvais aucun embarras, j'entrai dans la salle où il était, calme et souriante, voilà tout.

On comprend le changement que six années avaient apporté dans ma personne. J'allais avoir seize ans. Ce n'était donc plus une enfant qui s'offrait sous un vêtement lugubre aux regards du comte de C..., mais une jeune fille qui parait de sa jeunesse et de sa fraîcheur l'habit dont elle était revêtue. J'étais grande, j'étais belle peut-être, je fis sur le cœur d'un homme délivré de la contrainte où l'avait retenu longtemps l'étiquette et la faveur une impression d'autant plus vive, que, m'ayant quittée enfant et me voyant toujours enfant, il y était moins préparé. Quant à moi, je l'avoue, je n'aperçus rien dans sa physionomie qui me rélévât un trouble intérieur quelconque. Si un changement subit s'opéra dans ses manières, ce changement m'échappa entièrement. Savais-je si ses yeux ne brillaient pas toujours comme je les voyais briller; savais-je si sa voix ne disait pas constamment les bienveillantes paroles que je venais d'entendre? Mon père lui avait légué ses droits. La pensée de la reconnaissance

m'engageait à lui. C'était mon tuteur. Je
conservai en sa présence une attitude simple, modeste, naturelle et réservée. Je pus
l'entendre sans trouble, sa présence n'éveillait pas de souvenirs dans ma mémoire,
ne faisait pas naître d'espérances dans
mon cœur. Je répondis à toutes ses questions avec une grande liberté et un grand
calme d'esprit. Il n'inspira point à mon âme
le profond respect qu'inspire l'idée d'une
haute position sociale, la sympathie que
fait naître la certitude d'un grand dévouement, mais rien en lui non plus ne donna
prise à ma confiance. D'ailleurs ce premier
entretien dura peu ; le comte sembla le
brusquer, comme s'il eût éprouvé le besoin de se remettre d'une émotion combattue ou celui de méditer sa conduite future.
Seulement, je me rappelle que je fus sur-

prise de son départ subit, parce qu'il n'y eut aucune logique d'intention dans toute la marche de cette scène ; mais ce fut instinctivement et presque sans le vouloir que je me rendis compte de cette bizarrerie quand il m'eut quittée, quand je cherchai à m'expliquer naturellement le motif de cette visite.

Bien souvent madame la surintendante, dans sa bienveillance constante pour une élève dont elle était fière, s'étonnait, en m'entretenant de mon avenir et de mes intérêts, de l'indifférence de mon tuteur à mon égard. Elle n'ignorait pas, il est vrai, que la position du comte de C... lui laissait peu de liberté ; mais, dans ses visites à Saint-Denis, madame la Dauphine n'oubliait jamais de m'adresser la parole, de me dire qu'elle était de moitié dans les promesses faites à mon père au moment de sa mort; elle me témoignait avec une bonté parfaite la satisfaction qu'elle éprouvait de mes progrès et de ma conduite; elle m'encourageait à continuer, et, pour adieu, elle ajoutait : Je vais rendre M. le comte de C... bien heureux, en lui apprenant que sa pupille est pieuse, savante et raisonnable. Malgré toute la satisfaction qu'avait sans doute éprouvé M. le comte de C... de ces rapports bienveillants, je n'avais pas, comme je l'ai dit, reçu une seule fois sa visite. Je rêvais donc encore à cette singulière circonstance, lorsque madame la surintendante me fit appeler.

Je la trouvai triste.

— Ma chère enfant, me dit-elle en m'embrassant, j'espérais que votre peu de fortune et l'indifférence de votre tuteur nous vaudraient la prolongagion de votre séjour ici, puisque vous y vivez heureuse; mais je pressens, à mon grand regret, qu'il n'en sera rien.

— Comment celà? m'écriai-je ; M. de C... s'est-il expliqué à ce sujet avec vous ? Quant à moi, il ne m'a rien dit, Dieu merci! qui puisse faire pressentir mon départ.

— Il ne m'a rien dit non plus de positif, ma chère enfant, reprit la surintendante; cependant, lorsque je me suis hasardée à le questionner sur ses projets à votre égard, il a vivement repoussé la pensée de vous voir vous consacrer à l'éducation.

— Mais, Monsieur, lui ai-je dit, mademoiselle de Mormant est sans fortune !

— C'est vrai, a-t-il répondu.

— Il y a plus ; la pension que lui faisait

sur sa cassette particulière M. le dauphin, ne lui sera sans doute pas continuée par le nouveau gouvernement.

— C'est plus que probable.

— Eh bien ! ai-je continué, vous savez bien qu'une jeune fille ne se marie plus aujourd'hui sans dot, et vous connaissez la situation d'une femme qui se trouve jetée au milieu du monde sans fortune et sans mari.

— J'y pourvoirai, Madame, a répondu le comte.

— En perdant d'illustres protecteurs, monsieur le comte, ai-je ajouté, Fernande a perdu son avenir.

— Vous oubliez que je lui reste, Madame, et j'ai juré à son père mourant de le remplacer.

— Non, Monsieur, je ne l'oublie point;

mais les temps sont changés, et vous-même...

— Ma fortune est indépendante, Madame; je n'ai point d'enfant, et je suis libre d'adopter Fernande pour ma fille.

Alors il m'a saluée et il est parti.

Vous le voyez, mon enfant, continua la surintendante, nous accusions à tort le comte de C... d'indifférence pour vous. Aujourd'hui il réclame ses droits de tuteur; ses droits sont incontestables, et vous devez lui obéir. Sa fortune est indépendante, dit-il. Peut-être s'est-il rallié au gouvernement actuel, peut-être effectivement est-il riche; mais, en tout cas, il dit qu'il veut vous adopter pour sa fille : c'est ce qui pouvait vous arriver de plus heureux. Vous le voyez, hélas! une séparation est inévitable; et comme je vous aimais, mon enfant, tout en vous félicitant de votre bonheur, cette séparation m'afflige.

— Oh! moi aussi, Madame, m'écriai-je, je ne quitterai cette maison qu'avec le plus profond regret. La seule pensée du monde m'effraie.

— Parce que vous ne le connaissez pas, mon enfant; mais moi, qui ai su l'apprécier, je sais que vous devez y réussir, et je n'éprouve aucune crainte à ce sujet; seulement nous vous aimons toutes ici, et l'amitié nous rend égoïste; votre bonheur nous dédommagera de votre absence.

— Ah! Madame, m'écriai-je, sentant mes paupières se gonfler sous mes larmes, heureusement rien n'est décidé encore; je puis supplier mon tuteur de me laisser vivre dans cette maison.

— Gardez-vous-en bien, mon enfant. M. le comte de C... n'agit que dans le désir de votre bonheur. Mon expérience me permet de voir plus loin que vous. Vous n'avez point seize ans, les années n'ont point encore achevé l'œuvre du développement de votre cœur et de votre raison, mon devoir est donc de vous conseiller l'obéissance. Votre tuteur est un homme distingué; son influence, soyez-en certaine, sera toujours grande dans le monde, où il a joué un rôle important... Allons, rassurez-vous; il est bien rare que je sois dans la nécessité de sécher les larmes de vos compagnes, quand il s'agit de me quitter... D'ailleurs, vous l'avez dit, rien n'est encore décidé... Attendons...

Je n'eus pas long-temps à attendre ; M. de C...revint au bout de quelques jours; une femme l'accompagnait, et cette fois il fut question de ma sortie comme d'une circonstance très rapprochée.

Madame de Vercel, à laquelle mon tuteur me présenta dans cette seconde visite, était une femme de cinquante ans, d'un extérieur encore gracieux, d'un esprit agréable, l'usage du monde se faisait sentir dans toutes ses paroles comme dans la moindre de ses actions ; on était involontairement entraîné vers elle par la sympathie. Sa parole avait une sorte d'autorité adoucie par l'accent; le désir de ne rien exiger semblait dominer ses conseils ; la bonté de son cœur se révélait par sa physionomie moins que par un charme secret. Elle semblait deviner la pensée, y répondre; elle avait surtout l'art de donner à la raison le trait incisif d'un bon mot, et de voiler les vérités les plus tristes sous les formules obligeantes de la bienveillance.

— Si le ciel m'avait accordé une fille, me dit-elle en me pressant dans ses bras, j'aurais voulu qu'elle vous ressemblât. Je voudrais bien de mon côté vous inspirer un peu de cette affection qu'on a pour sa mère, car votre tuteur vous confie à mes soins. Je m'étais engagée à vous guider dans le monde, à vous le faire connaître; mais ce que j'ambitionne le plus, maintenant que je vous vois, c'est de vous inspirer le sentiment que j'éprouve déjà moi-même pour vous.

Il m'était bien difficile de résister à de pareilles avances ; je ressentis pour elle une vive amitié, et tout-à-coup l'idée du monde perdit, en sa présence, ce qu'elle avait eu d'effrayant dans mon isolement. Il me semblait que sous un tel patronage il ne pouvait m'arriver rien que d'heureux. Madame la Surintendante elle-même fut ravie, la regarda comme une femme supérieure, et quand le comte de C..., en prenant ma main dans les siennes, m'annonça que le jour où je viendrais habiter Paris était proche, mon cœur battit; tout ce qui pouvait y rester de crainte disparut pour y faire place à l'espérance.

A seize ans, dans l'inexpérience où j'étais, avec cette pureté native que la plus légère atteinte n'avait pas altérée, il s'agissait seulement d'aider aux heureuses dispositions naturelles pour faire de moi tout ce qu'on voulait en faire. Quand je passai le seuil de cet asile où je m'étais formée, on pouvait me conduire aux plus hautes positions sociales où la femme peut atteindre. Je n'aurais été déplacée nulle part; mais hélas! qu'a-t-on fait de moi?

Madame de Vercel avait accepté un appartement dans l'hôtel de mon tuteur, afin de se consacrer exclusivement à ce qu'elle appela mon éducation. Dès que je fus établie auprès d'elle, je compris en effet tous les développements que devaient donner aux connaissances que j'avais acquises leur application dans la vie réelle, et l'éclat qu'elles pouvaient procurer.

Je me vis l'objet des attentions les plus délicates et les plus empressées de la part de M. de C.... Des maîtres renommés me furent prodigués, la musique, la peinture, la danse même occupèrent exclusivement les heures des journées devenues trop courtes : chaque moment avait son emploi. Mon tuteur semblait se plaire à suivre mes progrès ; ses soins constants pour m'initier aux merveilles de Paris ajoutaient un nouveau prix à des bontés que je m'efforçais de mériter par mon aptitude et ma douceur. Enfin, six mois s'étaient écoulés avant que j'eusse encore pu réfléchir à une existence si brillante, avant que je fusse revenue de mon étonnement.

Les plaisirs succédaient si rapidement aux travaux, on me comblait de futilités si ravissantes, j'étais si préoccupée de comprendre chaque chose nouvelle pour moi, mes impressions étaient si rapides, que je n'avais pas le temps de m'interroger. J'aurais voulu connaître ce qui m'avait attiré un bonheur si grand, mais de nouveaux projets aussitôt exécutés que conçus venaient me causer à chaque instant d'autres surprises et des émotions plus douces. Ma vie était un long enchantement.

Cependant, au milieu de tant d'agitations, j'observais les deux êtres entre lesquels le temps s'envolait si rapidement, et de jour en jour j'arrivais par degrés à cette expérience qui devait plus tard m'éclairer et me montrer la vérité dans tout son jour.

M. de C... n'était ni un homme bon, ni un méchant homme, c'était un homme léger. L'esprit du dernier siècle semblait revivre en lui. Loyal et peu scrupuleux à la fois, tout ce qu'il blâmait en vue de ses principes, il se le permettait pour lui-même, avec des restrictions de conscience et des modifications plus ou moins sophistiques. Il blessait la morale, mais il respectait l'usage ; il affichait une sorte de rigorisme sans être hypocrite ; mais certaines idées de caste semblaient l'autoriser à d'innocentes folies. Les roués de la régence lui faisaient horreur, et il imitait les mœurs de la seconde époque du règne de Louis XV. Il fulminait dans sa petite maison contre la dépravation du cardinal Dubois, en souriant aux souvenirs du Parc-aux-Cerfs. Enfin, il exaltait Versailles, et il s'indignait du Palais-Royal.

Après avoir fait la guerre sous l'Empire en soldat français, M. de C... avait commandé sous la Restauration en général de cour, le tacticien cédant le pas au diplomate ; l'épée du guerrier n'était plus entre ses mains qu'une verge de fer, et, parvenu au sommet de la hiérarchie militaire, il ne s'inspirait que de la puissance sacerdotale.

Dans ses manières, dans son langage, il rappelait le maréchal de Richelieu. Sa politesse était exquise; mais dès que 1830 eut voilé le prestige de ses croyances, il retrouva les habitudes de jeune homme contractées jadis dans la garde impériale en pays conquis, et même celles qui l'avaient frappé dans son enfance parmi les muscadins de la jeunesse dorée sous le Directoire. Prodigue pour ses plaisirs, ses revenus se dissipaient en argent de poche. Les fournisseurs de sa maison étaient par fois dans l'obligation de le faire poursuivre pour le paiement de ce luxe bien entendu que les Anglais appellent *comfort*, pour des misères d'intérieur, pour le vin qu'on buvait à sa table, pour le bois qui brûlait dans ses cuisines. Jamais il ne payait ses gens qu'en leur donnant leur congé le jour où ils osaient réclamer leur salaire. Il était constamment gêné au milieu du luxe; on lui apportait les cartes d'huissiers sur des plats d'argent. Et cependant, à tant de défauts et tant de travers, M. de C... joignait des qualités essentielles. On se plaisait avec lui pour son esprit vif et brillant. Il caractérisait tout par des mots si heureux, qu'il devenait impossible de les oublier. On l'estimait par son obligeance; il rendait service avec une persévérance bien rare, pourvu toutefois qu'il pût le faire en écrivant. Une démarche en personne lui coûtait plus que cent billets à dicter ou à écrire avec une orthographe toute particulière, mais avec des tournures de phrases si variées, si élégantes, qu'on eût pu le comparer à madame de Sévigné. Il semblait toujours, avec ses contrastes, s'offrir comme une énigme à deviner, énigme dont le mot n'est plus compris de nos jours.

Madame de Vercel était un type tout correct, et déduit selon les principes les plus sévères ; de même qu'on trouvait dans sa personne la régularité, l'accord, les justes proportions, sa conduite et son langage étaient irréprochables. Au premier aspect, pour les yeux et pour l'esprit, cette organisation merveilleuse était mise en jeu par les rouages d'une intelligence supérieure, et la raison semblait être la pendule qui en modérait tous les mouvements, qui en réglait la marche.

Elle avait observé le monde, elle avait pour ainsi dire tout calculé, tout formulé par des équations algébriques, afin de résoudre le grand problème de la considération dans la vie sociale. Elle n'attachait d'importance qu'à l'opinion. Pour elle, tout consistait dans le rituel. La forme l'emportait d'abord, mais sans porter de préjudice au fond. Cependant son esprit la plaçait au-dessus de l'étiquette, de même qu'elle était plus que noble, quoiqu'elle n'appartînt pas au nobiliaire. Jamais on ne la trouvait en défaut dans la moins importante des actions, jamais elle ne restait sans réponse, quelque question qu'on agitât. Ses idées étaient arrêtées sur toutes choses. Froidement accueillie par les femmes, recherchée par les hommes, madame de Vercel avait une position exceptionnelle. On ne savait au juste ni ce qu'elle était, ni ce qu'elle faisait, quoiqu'elle ne donnât pas prise au plus léger soupçon. On aurait voulu qu'il planât moins de vague sur son origine et sur son existence, dût-on avoir à lui pardonner quelques peccadilles. On ne l'aimait pas, on était forcé de la respecter. Sans fortune, elle affichait l'ordre et ne condamnait pas le luxe; aussi n'exigeait-on rien d'elle à ce sujet; elle était simple et modeste sans affectation : c'était enfin une femme parfaite pour quiconque ne pouvait comme moi sonder le fond de sa conscience; encore moi-même ne devais-je la connaître qu'après avoir été sa victime.

Fernande s'arrêta une seconde fois, mais ce n'était plus pour réfléchir, c'était pour essuyer ses larmes.

XVII

Ma vie était complètement changée, poursuivit Fernande ; M. le comte de C... avait fait de sa vie la mienne ; le nom de mon père, le titre de sa pupille, m'ouvraient tous les salons. Le matin, ma vie était consacrée aux études ; la peinture et la musique que j'aimais passionnément, et dans lesquelles je faisais de rapides progrès, me prenaient une partie de la journée ; à quatre heures, mon tuteur venait me voir, admirait mes esquisses, me faisait chanter, et applaudissait à ma voix. Souvent il restait à dîner avec nous, puis, après le dîner, commençait la vie du monde : le spectacle, les soirées, les bals. Comme la réputation de Madame de Vercel était irréprochable, Madame de Vercel me conduisait partout, et partout où j'allais je rencontrais le comte de C... occupé sans cesse à faire valoir mes talents et mon esprit. Aux yeux de la société et même aux miens, certes, mon tuteur remplissait dignement le mandat dont il s'était chargé : un père n'eût pas fait pour sa fille plus qu'il ne faisait pour moi.

Cependant, au milieu de cette suite non interrompue de travaux et de plaisirs qui faisaient de moi une artiste femme du monde, et une femme du monde artiste, au sein de cette existence qui eût été celle que je me fusse choisie moi-même, si j'avais été libre de choisir d'avance ma vie, j'éprouvais de vagues pressentiments, une crainte instinctive que je repoussais comme une sorte de crime. Peu-à-peu, dans le développement de mes idées au contact des personnes qui composaient notre société ordinaire, par un effet inévitable de la marche des choses, la pudeur de la jeune fille s'alarma instinctivement.

En effet, M. de C..., dans ses rapports avec moi, dont chaque jour resserrait l'intimité, quoique je fisse tout ce que je pouvais pour le maintenir à distance, M. de C..., trahissait de plus en plus une impatience inexplicable, une ardeur réprimée, dont je ne pouvais comprendre la cause. Son affection même changeait de nature ; ce n'était plus, du moins à ce qu'il me semblait, ce sentiment de bienveillance affectueuse qu'un tuteur porte à sa pupille ; c'était quelque chose comme de la galanterie, des manières de dire qui m'embarrassèrent d'abord, et qui ensuite me devinrent suspectes. J'essayai d'abord timidement de faire comprendre à Madame de Vercel la crainte qui peu à peu s'emparait de moi. Elle me devina au premier mot ; peut-être avait-elle prévu ce moment, peut-être attendait-elle cette explication, et ce fut alors seulement que je reçus la première impression de terreur que le caractère de cette femme dangereuse devait produire sur moi, malgré l'art des transitions qu'elle avait à un si haut degré, malgré les nuances imperceptibles de langage qu'elle possédait si bien.

— Ma chère enfant, me dit-elle, j'ai remarqué en effet que le comte n'est plus le même ; il est triste, il est rêveur, il soupire.

Vous craignez qu'il ne soit souffrant de corps ou d'âme, et moi aussi, je le crains. D'abord il s'est fait un inconcevable changement dans sa manière de vivre : l'esprit de parti, qui le dominait, ne paraît plus exercer la moindre influence dans ses résolutions. D'un autre côté, tous ses plaisirs habituels sont négligés, il ne s'occupe plus de chevaux, il ne va plus au club, il est distrait au whist, enfin on dirait qu'il nous évite, ou que devant nous il éprouve un embarras insurmontable. Si vous l'aviez connu avant votre sortie de Saint-Denis, c'était le plus gai et le plus aimable des hommes. Mais soyez tranquille, je lui parlerai, je lui demanderai la cause de cette mélancolie, je lui dirai que vous êtes inquiète.

— Prenez garde, Madame, repris-je, il me semble que vous ne comprenez pas bien le sentiment qui me dicte ma question.

— Quoi? dit-elle, des ménagements, des précautions pour faire entendre aux gens qu'on prend intérêt à eux, qu'on s'occupe de leur santé, qu'on s'inquiète de leur bonheur? Allons donc, vous n'y songez pas, ma chère amie; laissons l'adresse à ceux qui projettent le mal. Je ne suis pas une femme rusée, moi, je vous en préviens, et je me suis toujours bien trouvée d'aller droit au but, de dire franchement les choses : la vérité est l'habileté des cœurs purs. Soyez sans inquiétude. Votre tuteur d'ailleurs me connaît depuis longtemps, et il sait bien qu'il est aussi difficile de me cacher quelque chose que de me détourner de la ligne de mon devoir.

Cette brusquerie de langage devait, comme on le voit, écarter le soupçon. La rudesse de la voix était d'ordinaire le moyen que madame de Vercel employait pour déguiser ses flatteries. A cet égard, elle avait une espèce d'originalité qui la rendait remarquable, et c'est ainsi qu'elle déguisait son hypocrisie, ou, pour mieux dire, sa profonde connaissance du cœur humain et sa merveilleuse habileté.

M. de C... ne vint point ce jour-là. Je ne sortis donc ni pour aller au spectacle, ni pour aller dans le monde; je restai chez moi à lire, interrompant malgré moi ma lecture par de longues et profondes rêveries, et sentant de temps en temps de légers serrements de cœur, comme on en éprouve quand un malheur inconnu, mais réel, est suspendu sur notre tête.

Toute la soirée, madame de Vercel demeura dehors.

Le lendemain elle vint à moi avec un

air profondément mélancolique, me serra dans ses bras avec une sorte d'affectueux empressement, puis, me faisant asseoir près d'elle :

— Causons, ma chère enfant, me dit-elle en enfermant mes deux mains dans les siennes, j'ai beaucoup de choses à vous dire ; je me suis expliquée hier soir avec le comte. Je n'aime pas les mystères, moi ; je ne savais rien de votre situation, mais il m'a tout dit, et maintenant je la connais ; et... je vous l'avoue, ma chère petite, je ne puis m'empêcher de vous plaindre et de le blâmer. On n'agit pas avec plus d'inconséquence qu'il ne l'a fait, et aujourd'hui lui-même le sent et en convient.

— Mais qu'y a-t-il donc, Madame ? demandai-je avec anxiété.

— Il y a..... qu'il faut que ce soit moi

qui vous parle, puisqu'il n'en a pas le courage, lui ; et d'abord ne tremblez pas de la sorte. Mon Dieu! tout n'est peut-être pas aussi désespéré que nous le croyons.

En effet, je tremblais et je pâlissais.

— Achevez, Madame, achevez! m'écriai-je.

— Vous ignorez sans doute, ma chère enfant, continua madame de Vercel, que votre père, en mourant, a laissé des affaires extrêmement embrouillées; il a fallu les sept années qui se sont écoulées depuis que M. le comte de C.... s'est chargé de veiller sur vos intérêts, pour les mettre à jour, comme disent les gens d'affaires ; et, les dettes payées, les frais prélevés, la liquidation terminée enfin, il est très clair que non-seulement vous ne possédez pas même la moindre fortune, mais encore que votre père redevait trente mille francs.

—Grand Dieu! et comment acquitter cette dette? La mémoire de mon père, d'un vieux gentilhomme de la monarchie, d'un colonel de l'Empire, ne peut cependant rester chargée d'une pareille tache. Ce serait quelque chose comme ce qu'on appelle une banqueroute, n'est-ce pas?

— Oh! rassurez-vous, me dit madame de Vercel, M. le comte de C...., lui aussi, est un gentilhomme de l'ancienne monarchie et un colonel de l'Empire, et il a tout payé. Vous ne possédez rien, c'est vrai, mais le nom de votre père est resté pur et sans tache.

— O mon Dieu! soyez béni, m'écriai-je en joignant les mains. Oh! quand verrai-je le comte pour me jeter à ses genoux, pour le remercier?

— Oui; mais, avec tout cela, vous voilà sans fortune et sans avenir.

— Il y a longtemps que j'avais pressenti cette situation, Madame, répondis-je avec un soupir.

— Oui, mais vous avez oublié qu'elle vous menaçait depuis que vous êtes sortie de Saint-Denis? Soyez sincère.

— Hélas! c'est la vérité, Madame; dans mon ignorance des choses de la vie, ma pensée ne s'est jamais fixée sur des besoins que le comte ne me laissait pas prévoir.

— Je le conçois, il est si bon; mais il y a des cas où la bonté est un tort, un très grand tort. La bonté doit être intelligente avant tout, ou sans cela la bonté devient de l'imprudence. Les intentions du comte étaient excellentes, je le sais; mais l'enfer est pavé de bonnes intentions. Il n'a pu se souvenir de votre père sans penser à ce que votre père eût fait en pareille circonstance pour sa fille à lui; il n'a pu vous voir, pauvre orpheline, belle et gracieuse, sans être touché de votre sort ; il s'est souvenu qu'il était resté près de vous le représentant, non-seulement de son ancien compagnon d'armes, mais encore d'un auguste exilé. Tout est solidaire entre soldats, tout est commun entre royalistes : se soutenir dans le malheur, c'est la religion des âmes généreuses. La pitié qu'il a ressentie a été plus forte que la réflexion, il n'a pas même réfléchi : il est vrai que, si l'on réfléchissait dans notre milieu social, on ne ferait jamais le bien ; il a cédé au premier mouvement comme un noble chevalier qu'il est ; il m'a fait consentir à devenir votre guide, votre chaperon, sans me laisser rien entrevoir du fond des choses. Il a développé vos heureuses dispositions ; vous avez profité au-delà de tout espoir des sacrifices qu'il a faits pour vous :

vous êtes devenue une personne remarquable, une jeune fille accomplie ; vos talents feraient de vous une merveille, si aujourd'hui la seule merveille digne d'admiration n'était pas la richesse. Tout cela est fâcheux, tout cela m'afflige et m'émeut jusqu'aux larmes ; je ne puis me faire à l'idée de vous savoir malheureuse, en lutte avec les besoins, en proie aux nécessités ! Nous vivions si tranquilles, et voilà que tout-à-coup un abîme s'ouvre sous nos pas. Que faire ? que devenir ?

Toutes ces paroles, d'autant plus terribles qu'elles ne renfermaient pas un sens positif, tombaient sur mon cœur une à une et y creusaient leur plaie comme aurait fait du plomb fondu ; elles jetaient dans mon esprit une clarté sinistre comme celle de ces éclairs à la lueur desquels on découvre de grands précipices. Cependant, quelque violente que fût la secousse, elle n'avait pas eu la force de m'abattre : comme dans un tremblement de terre, je sentais le sol vaciller sous mes pieds, et j'étais demeurée debout; je sentais s'allier en moi la force et l'espérance, et je répondis avec un calme si grand, que madame de Vercel ne put réprimer un mouvement de surprise.

— Je vous remercie d'un intérêt si touchant, Madame ; j'étais résignée à vivre à Saint-Denis, il a fallu un ordre précis de mon tuteur pour briser cette résolution. J'y retournerai rendre aux autres l'éducation que j'y ai reçue.

— Vous savez bien que c'est impossible, me répondit madame de Vercel.

— Comment cela ?

— Oui, les règlements s'y opposent.

— En êtes-vous certaine, Madame ?

— Vous pouvez m'en croire : une fois sortie comme pensionnaire, on n'y peut plus rentrer comme institutrice.

— Encore un appui qui se brise, murmurai-je en baissant la tête.

— D'ailleurs, continua madame de Vercel, en supposant qu'on parvînt à vous rouvrir les portes de cette maison, y pourriez-vous vivre à présent que vous avez vécu de la vie du monde, que vous avez connu toutes ses séductions, tous ses plaisirs ?

— Oh! oui, m'écriai-je, et je ne regretterai rien de tout cela, je vous en réponds.

—Vous le croyez à cette heure, ma pauvre enfant, et vous le dites de bonne foi, parce que, dans votre enthousiasme de dévouement, vous ne voyez pas clair en vous-même; mais ce que vous ignorez, c'est que votre imagination est devenue maintenant une source féconde d'impressions et de sensations qui réclament l'espace et la liberté; il lui faut un libre cours, un exercice sans entraves : les arts ont agrandi votre sphère, vous avez rêvé une existence indépendante, vous vous êtes accoutumée au luxe, vous avez été adulée, vos besoins, vos désirs, vos caprices même, ont été prévus et satisfaits ; la tranquille maison d'autrefois serait maintenant une prison pour votre corps, une tombe pour votre âme. J'ai quelque expérience du monde ; croyez-moi, mon enfant, quand on n'a pas encore atteint le développement des facultés, quand il n'est plus même possible de s'arrêter en route, comment alors retourner en arrière, comment se restreindre à des habitudes étroites, mesquines, qui conviennent seulement à l'enfance et à la vieillesse, mais non pas à votre âge ? Vos illusions à cet égard vous laisseraient bientôt dans l'accablement le plus profond, dans l'isolement le plus insupportable. Soyons assez fortes, assez sages en ce moment pour voir du premier coup-d'œil les choses telles qu'elles sont, afin de ne pas tomber dans un malheur plus grand que celui où nous sommes.

La force divine qui m'était venue en aide me soutenait encore, et je répondis :

— Eh bien ! Madame, s'il est vrai que j'ai quelque talent, s'il est vrai, comme on me l'a dit bien souvent, que je sois apte à acquérir dans les arts ce degré de supériorité qui fait les artistes, eh bien ! je vivrai en artiste.

— Enfant ! s'écria madame de Vercel, pauvre chère enfant au cœur d'or, qu'on voit bien, hélas ! que vous ne savez rien de ce monde ! Eh ! je le conçois, peut-on observer sous le charme des impressions nouvelles? Apprendre est un travail qui absorbe l'intelligence; pour apprécier il faut savoir, pour comparer il faut avoir ressenti. L'expérience ne s'acquiert qu'à nos dépens; c'est le fruit amer des déceptions. Vivre en artiste, mon enfant! à seize ans et belle comme vous l'êtes! impossible!

— Cependant, Madame, repris-je, on admire mes peintures.

— Parce que vous n'êtes pas dans la nécessité de les vendre; eh! mon Dieu! les amateurs font toujours des chefs-d'œuvre; mais croyez-moi, Fernande, peindre pour vivre, c'est autre chose que de peindre pour occuper son temps.

— Mais j'ai entendu dire souvent qu'une voix étendue et souple, une bonne méthode et une organisation musicale, étaient de nos jours la source d'une immense fortune.

— La fille du marquis de Mormant ne peut pas débuter à l'Opéra; d'ailleurs je ne nie pas vos dispositions pour la musique, mais ce ne sont que des dispositions, après tout ; il vous faudrait quatre ans, cinq ans encore peut-être avant d'arriver à un début.

— Pourtant, lorsque je chante dans le monde, les applaudissements sont unanimes, les transports que j'excite ressemblent à de l'enthousiasme.

— Parce que vous êtes du monde, et qu'en vous applaudissant c'est un hommage que ce monde envieux se rend à lui-même. On croit abaisser, en vous flattant, ceux qui sont artistes par état, et dont le monde impuissant et railleur jalouse incessamment les succès ; mais que ces colossales réputations de salon se produisent au grand jour, elles viennent honteusement s'écrouler devant le vrai public, qui a acheté le droit de critiquer. Pour la justice des gens polis, il y a mille circonstances atténuantes qui motivent les opinions; vous avez des yeux qui vous donneront toujours raison dans le monde, quoi que vous disiez ou que vous fassiez; avec un de vos sourires, vous peignez comme Raphaël ou vous chantez comme la Malibran. Tout cela est vrai relativement pour chaque société; c'est une monnaie dont on se sert dans chaque salon, comme d'un jeton de présence, mais qui n'a plus cours loin de ce salon, hors de cette société. Les grandes réputations ne s'improvisent guère, ma chère enfant; elles sont le résultat de bien des études, de bien des veilles, de bien des déceptions, de bien des dégoûts, de bien des chagrins, et la femme, montée à l'apogée de la gloire, radieuse et couronnée du prestige de sa réputation, a souvent perdu dans sa marche ascendante, et avant d'arriver au triomphe de son orgueil, les plus douces et les plus chères espérances de son cœur. Ne vous bercez pas de pareilles illusions, ma chère enfant; la vie obscure, la vie murée, est la seule qui donne le bonheur.

— Eh bien! Madame, à défaut de ces talents brillants, j'emploierai les talents utiles; je travaillerai à ces choses qui rapportent peu, mais dont l'humble produit est au moins certain; la pauvreté et les privations ne me font pas peur, et je les subirai, puisqu'il le faut.

— Rêve, rêve que tout cela, Fernande. Vous avez lu ces choses-là dans les livres, et vous croyez qu'elles existent dans le monde. Vous copierez de la musique, vous broderez, vous ferez de la tapisserie! Pauvre Fernande! Mais c'est la misère, ce que vous projetez, et la misère vous tuera. La misère, c'est la pente glissante qui mène au vice. Dans la misère, les facultés s'énervent, les résolutions fortes se détendent;

on ne voit plus rien alors que sous l'aspect du besoin. Tenez, mon enfant, ne faisons pas un roman de la vie, qui a ses exigences matérielles; les vertus ne sont faciles qu'à l'abri du danger, et croyez-moi, Fernande, il est toujours sage d'éviter le combat.

Mon cœur se serra par une impression indéfinissable; il me sembla que la froide réalité se rapprochait de moi et m'enveloppait comme les parois d'un tombeau.

— Mon Dieu! m'écriai-je alors avec un accent qui devait exprimer toute l'anxiété du doute, mon Dieu! que faire?

— De deux maux choisir le moindre, ajouta Madame de Vercel.

— Mais lequel est le moindre de ces deux maux? Donnez-moi donc un conseil, Madame; éclairez-moi de votre expérience : que pense mon tuteur? qu'a-t-il résolu?

—Votre tuteur, ma chère enfant! hélas! votre tuteur est plus à plaindre que vous.

— Je ne vous comprends pas, Madame. Parlez, au nom du ciel, parlez.

— J'hésite à tout vous dire.

— Mais enfin qu'y a-t-il donc ?

— Il y a que M. de C... est malheureux.

— Malheureux ! ce n'est pas par moi, j'espère. Ma situation, toute triste qu'elle est, ne le touche en rien; elle ne peut qu'exciter sa pitié.

— Vous avez tort de penser cela. Il s'est fait une habitude de vous voir ; il s'est laissé aller étourdiment au charme de votre société ; il n'a pas prévu qu'il arriverait un moment où la séparation serait terrible.

— La séparation !... Ainsi, je dois vous quitter, quitter mon tuteur ?

— Non, oui. Je ne sais, il n'en sait rien lui-même ; il lui est impossible de prendre un parti. Vous pouvez rester, et vous ne le pouvez pas. Je vous assure que la situation est véritablement alarmante. Quand j'ai parlé de votre départ, il a baissé la tête, et des larmes ont coulé de ses yeux.

— Des larmes!

— Oui; lui, le vieux soldat, l'homme qui a traversé les champs de bataille où gisaient ses meilleurs amis sans verser une larme, oui, il a pleuré comme un enfant, et cela à l'idée de se séparer de vous. Un instant il a regretté d'avoir payé les dettes de votre père. Cette somme était presque une indépendance pour vous.

— Oh! non, non, la mémoire de mon père avant tout, grand Dieu! Mais je ne comprends pas quel intérêt si puissant le comte prend à une pauvre orpheline qu'il a vue, il y a six mois, presque pour la première fois.

— Quel intérêt! Vous ne comprenez pas?

Vous ne comprenez pas qu'il vous aime, qu'il vous aime d'amour, que c'est une passion insurmontable, qu'il a fait ce qu'il a pu pour la combattre? Vous ne comprenez pas que maintenant son bonheur et sa vie dépendent de vous?

La surprise mêlée de terreur que j'éprouvai à ces mots me laissa sans force; un éblouissement passa devant mes yeux, je sentis mes jambes qui tremblaient sous moi. Je tombai dans un fauteuil. Presque aussitôt, M. le comte de C..., qui sans doute guettait le moment, entra, portant sur son visage l'expression du plus grand trouble. Je fus effrayée et touchée à la fois; je sentis mon âme en proie tout ensemble à la reconnaissance et à la crainte. Alors commença une scène bizarre et terrible dont je n'ai plus qu'un souvenir confus, parce que je ne vivais qu'à moitié quand elle se passa. Le comte se jeta à mes pieds;

sa douleur était-elle réelle ou feinte? je n'en sais rien. Madame de Vercel, qui aurait dû me défendre, par sa présence du moins, me livra en se retirant. On profita de mes émotions, de mon désespoir, on fut sans pitié pour mes larmes, on resta sourd à mes prières. Le nom de mon père, invoqué avec des gémissements, ne put rien pour moi. Ma perte avait été résolue, elle fut effectuée. Le lendemain, j'étais la maîtresse de M. le comte de C...

Clotilde ne put retenir un cri à ce brusque aveu; mais aussitôt elle se hâta de réparer ce mouvement de réprobation involontaire en balbutiant quelques vagues paroles d'excuse.

— Pourquoi vous excusez-vous, Madame? dit Fernande en secouant tristement la tête; votre terreur est toute simple, et, croyez-moi bien, elle ne me blesse ni ne m'étonne. Je n'ai pas des sentiments assez vulgaires pour essayer de me justifier par le crime des autres. Oui, sans doute, j'eusse été digne de pitié; oui, peut-être eussé-je mérité plus de compassion que de mépris, si tout s'était borné là, si je m'étais arrêtée dans ma dégradation; mais c'était chose impossible : on voulait ma perte tout entière. Ma chute était une action de la vie intime qui pouvait, à la rigueur, échapper aux regards du monde, et me laisser un refuge dans la société, aussi bien que dans ma conscience; mais la passion chez les gens frivoles n'est qu'à moitié satisfaite si la jouissance de la vanité ne la rend publique et scandaleuse. Il faut à l'homme du monde un bonheur envié : il fallait à l'orgueil du comte de C..., l'holocauste de mes triomphes passés. Sous les yeux des princes qu'il regrettait, il eût caché sa maîtresse, il l'eût niée même; sous un régime qu'il regardait comme une époque de désordre social, il afficha la jeune fille qu'il venait de séduire. S'il eût eu vingt-cinq ans, j'eusse peut-être obtenu de lui le silence; il en avait cinquante : il a voulu faire des envieux. Moi, l'enfant noble, recommandée à son honneur par un père mourant sur le champ de bataille, en présence de l'armée française, il prit à tâche de m'habituer peu à peu à la honte; chaque jour un des voiles de ma pudeur native me fut enlevé. L'ancienne élève de Saint-Denis, celle à qui l'on promettait l'avenir des femmes chastes et heureuses, brilla, traînée par lui au grand jour, courtisane méprisée, adulée, montrée au doigt, sans bonheur, sans excuse, entraînée dans le tourbillon des plaisirs, s'étourdissant au bruit des fêtes, repoussant les souvenirs du passé, n'osant songer à l'avenir, et ne prenant pas même le temps de pleurer sur le présent.

Mais au canon de juillet, qui annonçait la chute d'un trône, succéda bientôt la cloche du choléra, qui annonçait l'agonie d'un peuple. Le comte de C... fut une des premières victimes. On ignorait encore à cette époque si la maladie était contagieuse ou non. Tout le monde s'enfuit; je restai seule près du comte. Cette marque de dévouement dans une femme qu'il avait perdue le toucha sans doute ; un notaire appelé reçut ses dernières dispositions. Ces dispositions m'instituaient sa légataire universelle.

Écoutez bien, et voyez si je cherche une excuse à mes fautes.

Les débris d'une fortune considérable, bien que compromise par le luxe désordonné des dernières années du comte de C..., pouvaient encore m'assurer une existence solitaire et modeste. Mais ce que m'avait dit madame de Vercel de l'influence que le passé étend sur l'avenir n'était que trop vrai; les habitudes du luxe et de la dissipation une fois prises, il faut un courage plus qu'humain pour rentrer dans l'obscurité. J'étais vantée par tout un monde de jeunes gens riches, beaux, spirituels, qui me plaçaient au-dessus de toutes les femmes, qui m'avaient élue reine de la mode et de l'élégance. Je commandais par des sourires, et chacun, comme un esclave attentif, se hâtait d'obéir à mon sourire. Partout où j'allais, je transportais avec moi la foule, la joie, le bruit, l'ivresse, le rêve éternel des enchantements, et cela dura jusqu'au jour où, regardant avec terreur autour de moi, je pus mesurer le chemin que j'avais fait, les hauteurs d'où j'étais partie et l'abîme où j'étais descendue. Il n'y avait pas d'illusion à me faire, j'avais beau me grandir des noms célèbres, antiques ou modernes, m'appeler Aspasie ou

Ninon, dire que j'étais une étoile du siècle des Périclès et des Louis XIV : cette étoile, vue au télescope de la morale, perdait bien vite tout son éclat. Ces alternatives d'orgueil et de honte, d'élévation et d'abaissement durèrent jusqu'au jour où je sentis entrer dans mon âme l'amour chaste, tendre, dévoué, profond, l'amour qui pouvait me rendre au passé et à l'avenir, au repentir et à Dieu, jusqu'au jour où je vis Maurice enfin.

Clotilde tressaillit malgré elle à cet aveu de l'amour de Fernande pour son mari. Celle-ci s'en aperçut.

— Oh! ne craignez rien, Madame, dit-elle; oui, c'est à Maurice que je dois d'avoir retrouvé ma raison; mais Maurice a cessé d'être la pensée et l'espoir des jours qui m'attendent. Du moment où j'ai été introduite dans cette maison, du moment où j'ai respiré l'air que vous parfumez, du moment où vous avez pressé ma main dans la vôtre, tout a été fini. Je l'ai revu pour me raffermir encore. Je l'ai revu souffrant et presque condamné; qu'il soit sauvé, Madame, mais sauvé pour vous seule. Avec la santé, la raison lui reviendra. Il appréciera votre vertu que fait mieux ressortir ma dégradation, votre pureté que ma honte rend plus adorable. Quant à moi, ma tâche n'est point encore accomplie ici, et je sais ce qui me reste à faire.

A ces mots, Fernande se tut, et il se fit entre les deux jeunes femmes un moment de silence; seulement, comme si Fernande eût continué de parler, Clotilde laissa entre ses mains, comme entre celles d'une amie, la main qu'elle lui avait tendue.

FIN DU DEUXIÈME VOLUME.

Librairie de Dumont.

EN VENTE.

Titre	vol.	fr. c.
Un Rêve d'Amour, par FRÉDÉRIC SOULIÉ	1 vol.	7 50
Les Stuarts, par ALEXANDRE DUMAS	2 vol.	15 »
Le Colporteur et la Croix de l'affût, par ÉLIE BERTHET	1 vol.	7 50
Praxède, par ALEXANDRE DUMAS	2 vol.	15 »
Ida, par le vicomte D'ARLINCOURT	2 vol.	15 »
Nouvelles Impressions de Voyage (midi de la France), par ALEXANDRE DUMAS	3 vol.	22 »
Lucie, par JULES LACROIX	2 vol.	15 »
Une Année à Florence, par ALEXANDRE DUMAS	2 vol.	15 »
Manette, par HIPPOLYTE BONNELIER	2 vol.	15 »
Le Capitaine Pamphile, par ALEXANDRE DUMAS	2 vol.	15 »
La Fille d'Honneur, par madame DE BAWR, 2ᵉ édit.	2 vol.	15 »
Madame de Rieux et la petite Reine, par H. ARNAUD (Mᵐᵉ REYBAUD)	3 vol.	22 50
Excursions sur les bords du Rhin, par ALEXANDRE DUMAS	2 vol.	15 »
La Comtesse de Choiseul-Praslin, par PAUL-L. JACOB (bibliophile)	1 vol.	7 50
Le Pauvre de Montlhéry, par CHARLES RABOU	2 vol.	15 »
Scènes de la Ville et de la Campagne, par HENRI MONNIER	4 vol.	30 »
Les quatre Sœurs, par FRÉDÉRIC SOULIÉ	1 vol.	7 50
La Marquise de Contades, par A. DELAVERGNE	2 vol.	15 »
Un Amour dans l'avenir, par MÉRY	1 vol.	7 50
La Pension bourgeoise, par A. DELAVERGNE	4 vol.	30 »
Le Chevalier d'Harmental, par ALEXANDRE DUMAS	2 vol.	15 »
Gabrielle et Lucie, par madame CHARLES REYBAUD	1 vol.	7 50
Un Mirage, par H. DE LATOUCHE	2 vol.	15 »
Laurence, par madame C. BODIN	1 vol.	7 50
Aventures de Lyderic, par ALEXANDRE DUMAS	2 vol.	15 »
Marceline, par madame CAMILLE BODIN	2 vol.	15 »
Justin et l'Andorre, par ÉLIE BERTHET	1 vol	7 50
Robertine, par madame DE BAWR	2 vol.	15 »
Marie-Louise d'Orléans, par madame SOPHIE GAY	2 vol.	15 »
L'Honneur d'une Femme, par JULES LACROIX	2 vol.	15 »
La Duchesse de Mazarin, par ALEX. DE LAVERGNE	4 vol.	30 »
Le Speronare, par ALEXANDRE DUMAS	2 vol.	15 »
Les trois Rohan, par ROGER DE BEAUVOIR	2 vol.	15 »
Le Singe, par P.-L. JACOB (bibliophile)	2 vol.	15 »
Le Capitaine Lambert, par CHARLES BABOU	2 vol.	15 »
Le Château des Atrides, par JULES LACROIX	2 vol.	15 »
Bouquets et Prières, par madame DESBORDES-VALMORE	1 vol.	7 50
Philippe, par madame CAMILLE BODIN	2 vol.	15 »
Héva, Anglais et Chinois, par MÉRY	2 vol.	15 »
Le Moine de Chaalis, par madame CHARLES REYBAUD	2 vol.	15 »
L'Étoile polaire, par le Vicomte D'ARLINCOURT	2 vol.	15 »
Georges, par ALEXANDRE DUMAS	2 vol.	15 »
Le Siége d'Orléans, par madame la princesse DE CRAON	4 vol.	30 »
Un Duel sans Témoins, par PAUL-L. JACOB (bibliophile)	2 vol.	15 »
La Recherche de l'Inconnue, par A. DE LAVERGNE	2 vol.	15 »
Safia, par ROGER DE BEAUVOIR	2 vol.	15 »
Sylvandire, par ALEXANDRE DUMAS	2 vol.	15 »
Ellénore, par madame SOPHIE GAY	2 vol.	15 »
Les Janissaires, par ALPHONSE ROYER	2 vol.	15 »
La Porte du Soleil, par ROGER DE BEAUVOIR	4 vol.	30 »
David Séchard, par H. DE BALZAC	2 vol.	15 »
Le fils du Notaire, par PAUL-L. JACOB (bibliophile)	1 vol.	7 50
Une Bonne Fortune de Racine, par LE MÊME	1 vol.	7 50
Le Masque de velours, par JULES LACROIX	2 vol.	15 »
Un Début dans la Vie, par H. DE BALZAC	2 vol.	15 »
Cécile, par ALEXANDRE DUMAS	2 vol.	15 »
Le dernier des Barons, par BULWER	4 vol.	30 »
Mademoiselle de Chazeuil, par madame CHARLES REYBAUD	1 vol.	7 50
Rose, par LA MÊME	1 vol.	7 50
Les Trois Royaumes, par le Vicomte D'ARLINCOURT	2 vol.	15 »
Une Liaison dangereuse, par JULES LACROIX	1 vol.	7 50
L'Île des Cygnes, par ROGER DE BEAUVOIR	2 vol.	15 »
Sabine, par madame DE BAWR	2 vol.	15 »
Feu Bressier, par ALPHONSE KARR	3 vol.	22 50
Séverine, par madame CAMILLE BODIN	3 vol.	22 50

SOUS PRESSE :

Un Rêve d'artiste, par madame DESBORDES-VALMORE.
Esther, par H. DE BALZAC.
Voyage autour de mon Jardin, par ALPHONSE KARR.
La Princesse des Ursins, par ALEX. DE LAVERGNE.
André Raynal, par LE MÊME.
Les Médaillons du temps passé, par ROGER DE BEAUVOIR.

Sceaux. — Impr. de F. Dupes.

www.ingramcontent.com/pod-product-compliance
Lightning Source LLC
Chambersburg PA
CBHW060319170426
43202CB00014B/2600